ARGUMENTACIÓN CIENTÍFICA

Artículos destacados
Vol. I

Félix Socorro, PhD
EDITOR ACADÉMICO

ARGUMENTACIÓN CIENTÍFICA

ARTÍCULOS DESTACADOS VOL. I

Primera edición

© 2020 by Félix Socorro, PhD

Editor Académico.

INDEPENDENTLY PUBLISHED

ISBN: 979-863-466-945-8

Disponible en Amazom.com

ARGUMENTACIÓN CIENTÍFICA
Artículos destacados - Vol. I

Félix Socorro, PhD
EDITOR ACADÉMICO

Giovanni Reyes, PhD
Rodrigo Trujillo, PhD
Sergio Cardona Patau, Msc.
Rafael Martínez Morales, Msc.
COMITÉ CIENTÍFICO

AUTORES:
ÁLVAREZ, Santiago
BUITRAGO, Paula M.
CASTILLO, Ana M.
CONTRERAS, Dana, G
DE LA ROSA, José
DIMATE, Jhoan, N.
OJEDA, María, S.
PEÑA, Santiago, J.
PINILLA, Tatiana.
ROMERO, Nathaly M.
SÁNCHEZ, Laura K.
SIABATO, Laura M.
SOLANO, Ángel R.
TORRES, Echelcy, M
TRIVIÑO, Alejandra
VILLAMIZAR, Laura, A
MARTÍNEZ, Ivonne L.
DUARTE, Erica P.
BOHORQUEZ, Karoll A.

CONTENIDO

AGRADECIMIENTOS

Nuestra investigación fue realizada con la minuciosa supervisión del profesor Félix Socorro, a quien nos gustaría expresar nuestra gratitud, a la Universidad de la Salle por darnos el espacio, a nuestras compañeras Michel Torres y Valentina García por acompañarnos durante la investigación y a nuestros padres por el apoyo brindado, gracias a ellos fue posible la realización del estudio.

BUITRAGO, Paula M., SIABATO, Laura M., y SOLANO, Ángel R.

Primeramente, agradecemos a Dios por ser nuestro guía e inspirador día a día y darnos la fuerza necesaria para cumplir con la meta propuesta, por otra parte a nuestros padres por ser los principales promotores de nuestra educación, al igual que agradecemos por el apoyo incondicional que siempre nos han brindado, Así mismo a nuestro profesor Félix Socorro quien ha sido nuestro mentor, guiándonos por el camino correcto de la enseñanza para así poder llevar acabo la elaboración de este gran proyecto (...) y por aportar a nuestro conocimiento, además, a nuestras compañeras Valentina Garzón y Mariana Buitrago quienes han sido testigos de nuestro arduo trabajo, pero, sobre todo agradecemos por el apoyo, la motivación y las críticas constructivas que nos han realizado.

CONTRERAS, Dana, G., TORRES, Echelcy, M., y VILLAMIZAR, Laura, A.

El presente artículo (...) no hubiera sido posible sin la supervisión del profesor Felix Socorro, (...) encargado de la materia de *Fundamentos para la Argumentación Científica*, el cual nos gustaría expresar nuestro más profundo agradecimiento, por hacer posible la realización de este estudio. Además de agradecer su paciencia, el tiempo y la dedicación que tuvo para que esto saliera de manera exitosa.

PEÑA, Santiago, J., DIMATE, Jhoan, N., y OJEDA, María, S.

Primero que todo agradecemos a Dios que nos permitió desarrollar este proyecto, principalmente a nuestros padres quienes nos han brindado el apoyo emocional, económico y ayuda incondicional en este camino de los nuestros estudios superiores de alta calidad. Así mismo, agradecemos a nuestro profesor Félix Socorro quien. gracias a sus conocimientos y experiencia, nos ha brindado la dirección necesaria para desarrollar [el] artículo de la mejor manera, el cual ha resultado ser una trayectoria de conocimientos y aprendizajes que nos permitirán desarrollar grandes proyectos a futuro. Por último, agradecemos a todos nuestros amigos y compañeros quienes a través de sus aportes y opiniones han sido un pilar fundamental para el desarrollo de este artículo.

ÁLVAREZ, Santiago, DE LA ROSA, José y TRIVIÑO, Alejandra

Nuestro sincero agradecimiento a (…) nuestro profesor Félix Socorro, quien nos ayudó brindándonos los conocimientos necesarios para realizar esta investigación de forma pertinente y adecuada. Además, quien por medio de su amplia experiencia nos orientó a lo largo de este proceso y depositó su confianza en nosotras.

CASTILLO, Ana M., y SÁNCHEZ, Laura K

En primer lugar, queremos agradecer a nuestros padres, Nancy y Mauricio; y, María del Carmen y Fabio, por haber estado presentes a lo largo del desarrollo de este artículo y por brindarnos su apoyo y comprensión en todo momento. Así mismo, queremos expresar nuestro agradecimiento al profesor Félix Socorro por dedicar parte de su tiempo para guiarnos en la elaboración y corrección del artículo.

ROMERO, Nathaly M., y PINILLA, Tatiana.

Agradecemos al profesor Félix Socorro, quien nos brindó su acompañamiento a lo largo de la investigación.

MARTÍNEZ, Ivonne L., DUARTE, Erica P., y BOHORQUEZ, Karoll A.

La mayor recompensa que puede recibir un estudiante no es la nota que se le asigne a su examen, taller o trabajo, es el reconocimiento de su esfuerzo, de su dedicación, de su interés y, sobre todo, del uso práctico del conocimiento adquirido en clases.

De eso precisamente es que se trata este libro, de reconocer a los alumnos todo lo que se ha dicho en el párrafo anterior y más, a través de la publicación de su primera aproximación a la investigación científica, en el umbral de su formación académica.

Todos los autores presentes en este libro fueron mis alumnos de la cátedra *Fundamentos para la Argumentación Científica*, a quienes conduje —a través de la orientación personal que de di a la materia—, no simplemente a saber cómo se argumentaba en el campo de las ciencias; sino a poner en práctica ese conocimiento con el firme propósito de ser, posteriormente, recopilado y publicado como efectivamente se ha hecho.

Como docente, siempre he pensado que es incorrecto limitar a los estudiantes a una temática, exigirles que escriban e investiguen lo que la *universidad, la carrera o la línea* considera que deben investigar. No coincido con ello porque, en el mercado laboral, los investigadores, los que hacen realmente aportes a la sociedad, se inclinan a investigar aquello que les apasiona, que los mueve y les interesa.

No imagino a un profesor pidiéndole a Newton que escribiera sobre hortalizas, ni a Einstein que escribiera de pastelería, ni a Tesla que escribiera de poesía, cada uno de ellos escribió de lo que deseaba escribir y aportó en los campos en donde deseaba aportar.

Pienso que debe ser así y, bajo esa premisa, siempre aliento a mis alumnos a poner en práctica los conocimientos que obtienen en clases.

Es por ello que este libro no gira en torno a la pertinencia o no que los temas investigados poseen con relación a la carrera que los alumnos estaban cursando.

Comprender la argumentación científica es la esencia de esa materia y como tal ellos podían —y lo hicieron—, realizar la investigación que desearan siempre y cuando el resultado de la misma coincidiera con los lineamientos que la argumentación científica plantea.

Así que, como lograrán ver, este volumen contiene distintos temas desarrollados, aun cuando los alumnos estudiaban *Negocios y Relaciones Internacionales* o *Economía* al momento de cursar la materia.

Permitirles trabajar en un tema que les interesara impulsó el compromiso por dar lo mejor de cada uno, de buscar, de indagar, de investigar, sin la pesada carga que significa hacer todo eso con un tema impuesto o ajeno a los intereses del investigador.

¿El resultado? Diversas temáticas, expuestas respetando las normas APA y debidamente soportadas con distintas fuentes y autores, haciendo uso de la investigación cualitativa, con base en la investigación documental, orientadas a una visión praxeológica, etimológica, axiológica u ontológica y complementadas con un racionamiento deductivo o inductivo,

según el caso, pero, sobre todo, demostrando el manejo de los fundamentos básicos de la argumentación científica.

Cada artículo aquí expuesto requirió de horas de investigación, trabajo en equipo, discusión de su relevancia y significado —en especial para quienes lo realizaban—, seguimiento de las reglas y coordinación. Todo eso tiene un valor más allá de la calificación que obtuvieron, como ya se comentó, pero, sobre todo, posee un valor que va aún más allá de la opinión de quienes consideran que las temáticas desarrolladas deberían estar regidas por la carrera que los autores eligieron.

Es importante señalar que, como docente, estoy al tanto de que no todos los artículos poseen, al 100%, la rigurosidad que se requiere, no obstante, se hace necesario insistir en que los artículos aquí publicados son el resultado de la puesta en práctica de técnicas, normas y fundamentos argumentativos, no se pretendía que los alumnos, en apenas un semestre académico y con ninguna experiencia en el área, realizaran un trabajo con los niveles que exige una revista Scopus o JCR.

Personal y profesionalmente estoy orgulloso de mis alumnos, de su esfuerzo, de su interés por desarrollar un artículo científico sin haber escrito uno jamás, e incluso, sin sentir que tendrán la necesidad de hacerlo en el futuro.

Todos, sin excepción, merecen ser reconocidos y premiados por demostrar que se puede asistir a una clase no sólo para aprobarla, porque así lo exige el sistema para poder graduarse, sino que es posible aprender y poner en práctica lo aprendido, de manera seria y profesional.

Estoy convencido de que estos alumnos, los mismos que escribieron el contenido que aquí se expone, lograrán todo lo que se propongan en la vida, especialmente si les apasiona, si les gusta, si se sienten cómodos haciéndolo, pues cada artículo demuestra que son capaces de eso y mucho más.

Ahora bien, como ya se ha dicho, el presente libro muestra una recopilación de diversos temas desarrollados en clases, durante todo un semestre académico, por los alumnos de la cátedra Fundamentos para la Argumentación Científica.

El objetivo principal de esta recopilación, además de reconocer el valioso trabajo de los alumnos, no es otro que documentar y compartir la puesta en práctica del conocimiento adquirido en la materia, convertir el fruto del trabajo de los estudiantes en un texto que pueda ser utilizado en investigaciones futuras y, por ende, referenciado. Así mismo, iniciar a los alumnos en el campo de la publicación científica y permitir con ello ser leídos, comentados y criticados por colegas, expertos y aficionados de los temas que cada uno de los estudiantes investigó.

Cabe destacar que, antes de publicar este libro, los artículos fueron sometidos a revisión por parte de colegas y profesores en distintas universidades, quienes lo hicieron de manera voluntaria, desinteresada y at honorem. Todos coincidieron conmigo en la pertinencia de su publicación, dada la calidad de la técnica y el respeto a las normas y metodología que la mayoría de ellos posee, más allá de la temática abordada.

Félix Socorro, PhD
EDITOR ACADÉMICO.
Investigador Invitado de la
Universidad Complutense de Madrid.
Profesor de *Fundamentos para
la Argumentación Científica*
Madrid, España
Enero de 2020

EL ROL DE LOS PAÍSES INDUSTRIALIZADOS EN LA CONTAMINACIÓN AMBIENTAL

The role of countries in environmental pollution

BUITRAGO, Paula M.[1]

SIABATO, Laura M.[2]

SOLANO, Ángel R.[3]

Resumen

Se investigó sobre el rol de los países más industrializados en la contaminación ambiental, en especial Estados Unidos e india. La investigación se realizó por medio de una metodología cualitativa, documental, con un enfoque praxeológico y de forma deductiva. En donde se encontró y determinó que Estados Unidos e India no cumplen sus políticas sobre mejorar el medio ambiente ya que tienen cierto temor de perder el poder económico que han alcanzado tras varios años en el sistema internacional.

Palabras clave: PAÍSES, INDUSTRIALIZACIÓN, CONTA-MINACIÓN, AMBIENTAL.

[1] Estudiante del IV semestre de Negocios y Relaciones Internacionales. Facultad de Ciencias Económicas y Sociales. Universidad de La Salle. Bogotá, Colombia. Emails: pbuitrago13@unisalle.edu.co / pmariana201407@gmail.com

[2] Estudiante del IV semestre de Negocios y Relaciones Internacionales. Facultad de Ciencias Económicas y Sociales. Universidad de La Salle. Bogotá, Colombia. Emails: lsiabato51@unisalle.edu.co / lausiabato16@gmail.com

[3] Estudiante del IV semestre de Negocios y Relaciones Internacionales. Facultad de Ciencias Económicas y Sociales. Universidad de La Salle. Bogotá, Colombia. Emails: asolano49@unisalle.edu.co / angelsolano1096@gmail.com

Abstract

The role of the most industrialized countries in environmental pollution, especially the United States and India, was investigated. The research was carried out through a qualitative, documentary methodology, with a praxeological approach and deductively. Where it was found and determined that the United States and India do not comply with their policies on improving the environment since they have some fear of losing the economic power they have achieved after several years in the international system.

Key words: COUNTRIES, INDUSTRIALIZATION, POLLUTION, ENVIRONMENTAL.

1. INTRODUCCIÓN

Para el Ideam (s.f), apoyado en la Convención Marco de las Naciones Unidas sobre Cambio Climático (CMNUCC), el cambio climático es comprendido como "un cambio de clima atribuido directa o indirectamente a la actividad humana que altera la composición de la atmósfera mundial y que se suma a la variabilidad natural del clima observada durante períodos de tiempo comparables" (p.1), el cual es producido por el calentamiento global, como lo afirma Acciona (s.f), en su artículo debido a que se da gracias a un aumento de las temperaturas de la tierra, de manera que se generan múltiples consecuencias negativas en los diferentes sistemas, como lo son los físicos, biológicos y humanos.

Esto es ocasionado gracias a la actividad del ser humano, que aumenta la emisión de gases de efecto invernadero, los cuales como, menciona en su artículo la Aquae Fundación (s.f), son aquellos "que forman parte de la atmósfera natural y antropogénica (emitidos por la actividad humana), cuya presencia contribuyen al efecto invernaderos"(p.1), y los cuales son: dióxido de carbono, metano, compuestos halógenos, ozono troposférico y dióxido de nitrógeno; además de una mayor intensificación en la deforestación, la destrucción de los ecosistemas marinos y además un crecimiento desmesurado de la población; tal como asegura Acciona (s.f), que genera un aumento en:

> (...) la aparición de fenómenos meteorológicos más violentos, sequías, incendios, la muerte de especies animales y vegetales, los desbordamientos de ríos y lagos, la aparición de refugiados climáticos y la destrucción de los medios de subsistencia y de los recursos económicos (Acciona, s.f, p.4).

Con base en lo anterior y teniendo en cuenta que para la ACNUR (2017), la contaminación se asocia directamente con la presencia de agentes químicos, físicos y biológicos nocivos en el ambiente, algo que se ve fácilmente en fenómenos como el cambio climático. Además, el 92% de la población humana vive en zonas donde la contaminación supera los niveles permitidos generando efectos negativos para la salud y bienestar. Para 2030 se estima que las emisiones de gases lleguen a las 14.000 toneladas, cifra que dificulta las soluciones que se quiera implementar.

De esta manera para Miranzo y Del Rio (2015), se generarán graves consecuencias, así lo afirman en su artículo:

> (...) las consecuencias adversas del cambio climático tienen «efectos nocivos significativos en la composición, la capacidad de

> recuperación o la productividad de los ecosistemas naturales o sujetos a ordenación, o en el funcionamiento de los sistemas socioeconómicos, o en la salud y el bienestar humanos» (Miranzo y Del Río, 2015, p.128).

Con el propósito de resaltar la incidencia que generan los grandes países industrializados como los principales responsables de estas problemáticas, se intentara analizar la industrialización y cuáles son los países más industrializados. Para Duque (2018), la industrialización es el "proceso por el cual una comunidad social o estado pasan de tener una economía basada netamente en actividades agrícolas a tener una economía basada en el desarrollo industrial" (p.2), es decir:

> (...) una economía basada en la industria tendrá a las mismas industrias como el sostén principal del Producto Interno Bruto y así mismo, en el ámbito laboral será el sector donde la mayoría de la población se encuentra laborando gracias a que es enorme el desarrollo alcanzado por las distintas industrias y por ende la demanda de mano de obra especializada es la que más predomina en el ámbito industrial (Duque, 2018, p.2).

Según GeoEnciclopedia (s.f), al hablar de industrialización, "se alude a un proceso por el cual la industria se convierte en el orden socioeconómico principal y el que domina la mayor parte de los ámbitos de la economía de un país" (p.1), por ende, los países más industrializados del mundo son: Estados Unidos, China, Japón, Alemania, Reino Unido Francia, India, Italia, Brasil y Rusia o al menos así lo menciona

Varela (2019), en una de sus publicaciones sobre países industrializados.

También se puede mencionar que Estados Unidos y la Unión Europea han sido líderes en el proceso de industrialización, pero actualmente están llegando otros países que están surgiendo como los nuevos líderes industriales del mundo, como afirma Actividades E (2017), los cuales coinciden con los mencionados por Valencia en el párrafo anterior.

Cabe resaltar que, en la última cumbre sobre el medio ambiente, la mirada se centró en los países más contaminantes, es decir en los que generan mayores gases de efecto invernadero, los cuales son: China, Estados Unidos, India, Rusia, y Japón, como señala ACNUR (2017). Estos países se han comprometido a mejorar la situación del cambio climático, sin embargo, estos cinco Estados a pesar de haber realizado acuerdos para mejorar el cambio climático, las emisiones de dióxido de carbono no están disminuyendo si no que siguen aumentando, como lo mencionó Sostenibilidad PT (s.f).

De acuerdo con los autores mencionados, se puede señalar que los países más contaminantes son: China, Estados Unidos, la Unión Europea, India y Rusia, es decir, coincide con cuatro de los cinco países mencionados por los autores anteriores, sin embargo, según Stop CC (2017), niega que Japón sea uno de los más contaminantes, en cambio agrega a la Unión Europea y explica que "los países europeos también encabezan la lista debido al tráfico, las fábricas y otros derivados de la huella humana" (p.3).

Los países con mayores emisores de dióxido de carbono, el principal gas contaminante causante en gran parte del cambio climático, son: China 28.21%, Estados Unidos 15.99, India 6.24%, Rusia 4.53% y Japón 3.67%, tal y como lo explica y menciona Excelsior (2017).

En base a los autores anteriormente mencionados, se puede suponer que los países más industrializados son los mismos y además los que más contaminan el medio ambiente. Por esta razón, BBC News Mundo (2019), señala que, la Cumbre de Acción del Clima (convocada en septiembre de 2019 por el secretario general de la ONU, Antonio Guterres), "reúne en Nueva York a unos 60 líderes de diferentes países [entre ellos los más contaminantes] que han prometido profundizar sus planes contra las emisiones de gases de efecto invernadero" (p.2). Además, señala que entre sus principales objetivos está:

> (...) evitar que el aumento de la temperatura global (...) sea menor a 1,5 grados respecto a los registros previos a la era industrial, para lo cual la ONU advirtió que se precisa un compromiso global mucho mayor [por tal motivo] una de las condiciones que puso Guterres para que presidentes, primeros ministros, empresarios y otros líderes hablen en la cumbre era que presentaran planes de acción concretos para detener las emisiones de carbono (BBC News Mundo, 2019, p.2)

Los países firmantes del Acuerdo de París anunciaron políticas nacionales para disminuir las emisiones de CO_2, a pesar de esto la concentración en la atmósfera del principal gas de efecto invernadero ha marcado un nuevo récord. Las políticas por sí solas no son suficientes para evitar un aumento de la temperatura mundial de tres grados a final de siglo, al menos así lo argumenta el director ejecutivo del Pnuma, citado por Trotta (2017).

Según las Naciones Unidas (S.f), expresan en relación con el Acuerdo de París que "todos los países acordaron trabajar para limitar el aumento de la temperatura global a menos de 2 grados centígrados"(p.1), por esta razón Naciones Unidas afirma que los países están haciendo algo para reducir el cambio climático, aunque para BBC News Mundo (2018), algunos países como Rusia (que forma parte del Acuerdo de parís) han buscado excusas justificadas para no permitir la entrada en vigor de este acuerdo.

Además, asegura Mohorte (2018), en su artículo el cual refleja que tanto los países desarrollados como los que están en vía de desarrollo, 197 en total, firmaron el Acuerdo de París de 2015, (con la novedad de EE.UU. que se retiró) y en el cual se comprometieron a mantener por debajo de 2°C las temperaturas del planeta. Sin embargo, sólo unos pocos como Argelia, Canadá, Costa Rica, Guatemala, Indonesia, Japón, Macedonia, Malasia, Montenegro, Noruega, Papúa Nueva Guinea, Perú, Samoa, Singapur y Tonga son los que están cumpliendo con los acuerdos de París. Con la excepción de Canadá y Japón, dos de las industrias más relevantes del planeta, los demás son países pequeños cuyas intenciones son loables, pero cuyo impacto en la tendencia global del planeta es marginal. Pese a su ambicioso carácter, París siempre tuvo un carácter voluntario. Los países firmantes jamás estuvieron obligados a reducir sus emisiones: todo dependía de la buena voluntad y de los incentivos a corto plazo.

Es importante recordar que EE.UU. es el segundo país más contaminante del mundo, según lo menciona ACNUR (2017), sin embargo, siguiendo a Pereda (2017), a pesar de la responsabilidad moral con el planeta, además de ser el líder de la máxima potencia del mundo el presidente Donald Trump ha abandonado el acuerdo de París e inclusive:

> (...) ha aprobado diversas normativas que ya han desmantelado la política de Obama en su lucha contra el cambio climático y que contribuirán a que no se reduzcan las emisiones. (...) el mandatario republicano ha eliminado los planes energéticos que prohibía nuevas explotaciones de energías fósiles y ha dado vía libre a las extracciones en zonas costeras de EE UU que Obama había protegido (Pereda, 2017, p.4).

Con lo anterior para BBC Mundo (2017), Nicaragua y Siria:

> (...) fueron los únicos que no suscribieron el pacto firmado en París en 2015: Siria sumida en una guerra civil y Nicaragua por unas razones que no tienen nada que ver con las que han llevado a Donald Trump a salirse del pacto (BBC Mundo, 2017, p.2).

Además, de acuerdo a BBC Mundo (2017), asegura que Nicaragua rechazó el acuerdo internacional no porque no quisiera acatar los nuevos estándares para reducir emisiones contaminantes sino "porque los que establecen el acuerdo no eran suficientemente estrictos con las naciones más ricas y las economías más grandes del planeta. En otras palabras, Nicaragua pensó entonces que el acuerdo era demasiado débil" (p.3).

Cabe añadir que, Paul Oquist (jefe de la delegación nicaragüense), citado por BBC Mundo (2017), afirma que "las naciones ricas deberían hacer mucho más para defender al planeta (...) los países desarrollados no estaban haciendo suficiente para reducir su uso de combustibles fósiles" (p.4). Además, Oquist, citado por BBC Mundo (2017), asegura que los países más desarrollados, las cuales son las 10 economías más grandes del planeta, eran responsables de 72% de las emisiones de CO_2 y que los cien países más pobres, tienen tan solo el 3% de las emisiones de CO_2.

De acuerdo a los autores anteriores, se puede decir que los países más industrializados son los más grandes generadores de contaminación en el medio ambiente, además, son y fueron miembros de acuerdos y tratados en los cuales se comprometieron a mejorar el medio ambiente, cabe recordar que Estados Unidos e India no los cumplen, esto deducido con la información anteriormente citada, por esta razón en el presente artículo se buscó descubrir ¿Cuáles son las razones políticas para que Estados Unidos e India no quieran ayudar a mejorar el medio ambiente? entre los años 2015 que fue la fecha del Acuerdo de París hasta el 2019. Una posible respuesta es que estos países no quieren perder el estatus que han logrado alcanzar con los años, ya que reducirlo significa perder poder frente al sistema internacional. Por esta razón durante la investigación, se basó en identificar por qué Estados Unidos e India siendo de los países más contaminadores no cumplen los tratados para mejorar el medio ambiente y reconocer si estos países utilizan como cortina de humo mejorar el medio ambiente.

2. METODOLOGÍA

En primer lugar, la metodología que se utilizó en esta investigación fue de tipo cualitativa. De acuerdo a Sinnaps (s.f.), se habla de investigación cualitativa cuando afirma que en ella se recoge información basada en la observación de comportamientos naturales, discursos, respuestas abiertas para la posterior interpretación de significados, tal y como lo menciona en una de sus publicaciones.

Para Taylor y Bogdan, citados por Ujan.es (s.f.), el objetivo de la investigación cualitativa "es el de proporcionar una metodología de investigación que permita comprender el complejo mundo de la experiencia vivida desde el punto de vista de las personas que la viven" (p.1).

Porsu parte Gagliani (2015), asegura que la investigación cualitativa "busca adquirir información en profundidad para poder comprender el comportamiento humano y las razones que gobiernan tal comportamiento" (p.1).

Y, de acuerdo a QuestionPro (s.f.), el método de investigación cualitativo "permite obtener datos no cuantificables de calidad o la opinión de los participantes para llegar a la conclusión del proceso" (p.1).

En segundo lugar, se hizo énfasis en la investigación documental porque los datos recopilados provienen de fuentes como "libros, artículos, videos, revistas, publicaciones periódicas" (p.2), entre otras según Socorro, Reyes & Trujillo (2019).

Estas fuentes permiten relacionar, contrastar y se vincula en la investigación propuesta. Así mismo, porque el Grupo Emergente de Investigación de la

Universidad Mesoamericana (s.f.), reflejan que la investigación documental puede definirse como "una estrategia en la que se observa y reflexiona sistemáticamente sobre realidades teóricas y empíricas usando para ello diferentes tipos de documentos donde se indaga, interpreta, presenta datos e información sobre un tema determinado de cualquier ciencia" (p.1).

De modo parecido, expresa Baena, citado por Investigación Científica (s.f), porque define la investigación documental como "una técnica que consiste en la selección y compilación de información a través de la lectura y crítica de documentos y materiales bibliográficos, bibliotecas, bibliotecas de periódicos, centros de documentación e información" (p.1).

Al mismo tiempo, basados en Garza, citado por Martínez (s.f.), quien señala que la investigación documental "se caracteriza por el empleo predominante de registros gráficos y sonoros como fuentes de información (...), registros en formas de manuscritos e impresos" (p.2).

En tercer lugar, el presente trabajo de investigación, posee una orientación praxeológico ya que según Juliao, citado por Castañeda (s.f.), el cual asegura que la praxeología es o pretende ser "una disciplina sobre los diferentes modos de actuar: una teoría, un discurso reflexivo y crítico, (λογοσ) sobre la práctica, sobre la acción sensata, de la cual se busca el mejoramiento en términos de transformación, pertinencia, coherencia y eficiencia" (p.1).

Adicionalmente, posee esa orientación por lo que Murillo (2011), señala al decir que la praxeológico se basa en:

> (...) el axioma fundamental de que el ser humano actúa, es decir, que pretende alcanzar unos determinados fines que habrá descubierto que son importantes para él. El método praxeológico gira en torno a la deducción verbal de las implicaciones lógicas del hecho de que los seres humanos actúen, es decir, que elige una serie de medios escasos para lograr sus fines (Murillo, 2011, p.1).

También, se puede señalar que, esta investigación posee una orientación praxeológica ya que Bédard (2003), establece que la praxeología está constituida por:

> (...) la realidad cotidiana fenomenológica, el mundo de los acontecimientos, los hechos y los actos de las personas que hacen su práctica en el campo en cuestión y que ejercen una actividad especializada. Esta base empírica se caracteriza por lo particular, lo individual y lo contingente (Bédard, 2003, p.78).

Inclusive, porque basados en Gaxiola (s.f.), el cual define la praxeología como:

> (...) un enfoque metodológico que estudia la lógica dentro de la acción humana. Parte de la idea de que todas las acciones realizadas por el humano tienen un propósito y estas se llevan a cabo con el fin de cumplirlo. A diferencia de las ciencias naturales, la

> praxeología no se basa en la observación, sino en la deducción lógica (Gaxiola, s.f., p.1).

Por último, esta investigación condujo a un razonamiento deductivo ya que de afirmaciones generales, se llegó a afirmaciones específicas y así mismo se organizaron las premisas que transformaremos en silogismo que nos permitirán llegar a las conclusiones, como lo explica Newman (2006). Además, se puede señalar que se hizo uso del razonamiento deductivo porque basados en Rodríguez (s.f.), este razonamiento "es un tipo de pensamiento lógico en el que se extrae una conclusión particular a partir de unas premisas generales. Es una forma de pensar opuesta al razonamiento inductivo" (p.1).

De la misma forma, según Instituto Monterey (s.f.), indica que se utiliza el razonamiento deductivo cuando "usamos hechos conocidos para llegar a conclusiones lógicas que sabemos son verdaderas. (Deducimos un hecho al unir otros factores). Esto es distinto que el razonamiento inductivo, que generaliza y conjetura basado en observaciones en lugar de lógica" (p.1).

Tradicionalmente el razonamiento deductivo, se ha considerado que va de lo general a lo particular, en estos casos se utiliza el concepto de validez, también, el razonamiento es deductivo si la conclusión, se sigue necesariamente a las premisas, cuando se deriva necesariamente de las premisas es válido y, si es válido, significa que, siendo las premisas verdaderas, las conclusiones también lo serán, por lo tanto, el razonamiento deductivo es proposicional, de tipo silogístico, de este tipo de razonamiento, se pueden obtener razonamientos válidos e inválidos, así lo expresa Pérez (2015).

3. RESULTADOS

Durante el gobierno del actual presidente de Estados Unidos, se han establecido cambios drásticos en las políticas medioambientales, según las afirmaciones que Donald Trump ha realizado, citado por Rodríguez (2018), ha expresado que:

> El concepto del calentamiento global fue creado por y para los chinos, con el objetivo de hacer la industria de Estados Unidos no competitiva. Esta mierda carísima del calentamiento global tiene que acabarse. Nuestro planeta se congela, marca temperaturas mínimas históricas y los científicos están atrapados en el hielo. Lo que dicen los medios sobre el calentamiento global es ficción (Rodríguez, 2018, p.2).

Es por ello que Vallejo (2017), establece en una de sus publicaciones que desde principios del gobierno Donald Trump, nombró a Scott Pruitt como jefe de la EPA (Agencia de Protección Medio-ambiental) quien, según María José Caballero (responsable de campañas de Greenpeace) determina que Pruitt responde a un perfil negacionista, es decir, "rechaza el consenso científico que afirma que el cambio climático está ocasionado por el hombre" (p.2). Laura Martín (directora de la Fundación Renovables) mencionada por Vallejo (2017), afirma que "en la sociedad americana, en el *establishment*, el negacionismo es una corriente minoritaria, pero en los puestos clave de la administración Trump tiene una importante representación" (p.2).

De esta manera y según Ribera (s.f), este negacionismo responde a:

> (...) intereses económicos: inversores o industriales atrapados en un modelo obsoleto que no están dispuestos a abandonar, alimentan el miedo de colectivos vulnerables, personas cuyo modo de vida se ve amenazado y no confían en la respuesta social para la búsqueda de alternativas (Ribera, s.f., p.3).

Justamente por dichos intereses es que Estados Unidos decide salirse del acuerdo de París como afirma Martínez (2017), en el cual expresa que el país norteamericano "ha dejado de ser un aliado del planeta. Donald Trump dio rienda suelta hoy a sus creencias más radicales y decidió romper con el «debilitante, desventajoso e injusto» Acuerdo de París contra el cambio climático" (p.2). Y es con base en la anterior información se encuentra que dentro del Estado norteamericano se puede contemplar como sus principales partidos, es decir, republicanos y demócratas ordenan las prioridades que según ellos el actual presidente de Norteamérica debería tener en su gobierno. Ver Gráfico 1.

Como se puede visualizar anteriormente las políticas de Estados Unidos en el actual gobierno van dirigidas hacia otros factores, de manera que se descuida por completo y se deja en último lugar el cambio climático.

Ahora bien, dichas medidas ya arrojan sus consecuencias y se pueden contemplar en diferentes aspectos como afirma Agencia EFE (2015), el cual expresa en su artículo que "Estados Unidos acumula el 40% de la deuda climática mundial por los daños causados en el medio ambiente, según un estudio difundido por la revista *Nature Climate Change*" (p.1) y a su vez Ambientum (2019), también enuncia que Estados Unidos:

> Ha vuelto a dar muestra (...) de su poder contaminante. Tras tres años a la baja, las emisiones de dióxido de carbono de la primera potencia mundial aumentaron un 3,4% en 2018, el mayor incremento en ocho años, incluso después del cierre de una cantidad récord de minas de carbón en todo el país (Ambientum, 2019, p.1).

Por esta razón según EFE (2019), asegura que:

> Un grupo de legisladores demócratas de la Cámara Baja de EE.UU. presentó (...) un proyecto de ley que exige al presidente estadounidense, Donald Trump, que acate los compromisos del Acuerdo climático de París, a pesar de que el mandatario ordenó la retirada del mismo en 2017 (EFE, 2019, p.1).

Además, añade que en caso de ser aprobada:

> (...) la legislación mantendría a Estados Unidos en el Acuerdo de París y exigiría a la Administración de Trump que elabore un plan para cumplir con los objetivos de reducción de emisiones bajo ese pacto dentro de los 120 días posteriores a la promulgación del proyecto de ley (Ídem).

El problema de este proyecto está, según EFE (2019), en que "la propuesta legislativa será previsiblemente aprobada en la Cámara de Representantes, donde los demócratas tienen la mayoría, pero tiene menos posibilidades en el Senado, controlado por los republicanos" (p.1), es decir, el proyecto ley es muy difícil de ser aprobado y aplicado en Estados unidos.

Con respecto al caso de la República de la India, de acuerdo a DW (2016), asegura que:

> (...) el ministro de Medio Ambiente y Desarrollo Forestal de India, Anil Kumar Dave, confirmó este domingo que el segundo país más poblado del planeta, y tercer emisor de gases invernadero de todo el orbe, entregó a Naciones Unidas los documentos que ratifican la adhesión de India al acuerdo climático firmado el pasado mes diciembre en París (DW, 2016, p.1)

Pero un año después de la ratificación del tratado, Gettleman, Schultz & Kumar (2017), afirmaron que, India es un país que ha hecho considerables avances en la lucha contra la pobreza y pretende ser una superpotencia, su crecimiento económico ha ido en aumento en los últimos años pero así mismo no puede controlar su contaminación. Los ambientalistas afirman que parte del problema son las políticas de Narendra Modhi (actualmente ocupa el cargo de primer ministro de India) porque le dan preferencia al desarrollo empresarial a cualquier costa, de acuerdo a lo anterior, expresa que "relajar las reglas en torno a los sitios de construcción, han hecho que empeore el problema" (p.2).

Gettleman, Schultz & Kumar (2017), continúan diciendo que:

> (...) el sistema político indio es mucho más libre y más caótico: una democracia descentralizada donde hay 1300 millones de

personas y abundan todo tipo de rivalidades políticas y regionales. Los funcionarios indios rara vez respaldan un solo conjunto de políticas, incluso cuando se trata de un enorme problema de salud pública. (Gettleman, Schultz & Kumar 2017, p.4).

Gráfico 1. PRIORIDADES QUE DEBERÍAN TENER TRUMP Y EL CONGRESO.

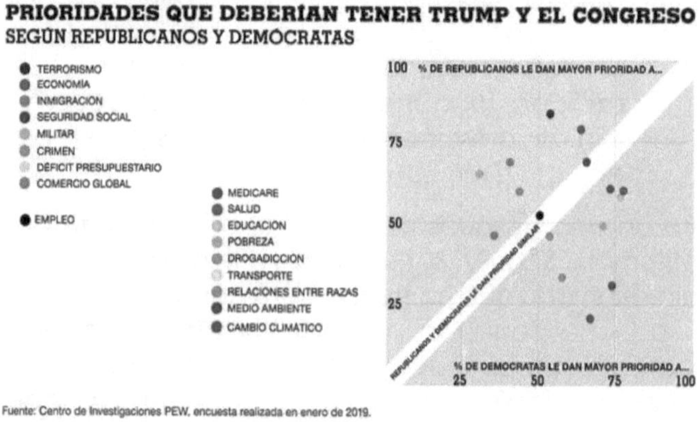

Fuente: Centro de Investigaciones PEW, encuesta realizada en enero de 2019.

Gráfico 1: Prioridades que deberían tener Trump y el congreso según Republicanos y Demócratas 2019, fuente: France 24 (2019).

Continuando con lo anterior, para sostenibilidad PT (2017), expresa que "el país tiene desde 1981 una ley que protege el aire, pero la quema de combustibles fósiles ha crecido significativamente y como consecuencia ocupa la tercera posición en el ranking de países más contaminantes del mundo" (p.3). Ver Gráfico 2.

Gráfico 2. PIB per cápita.

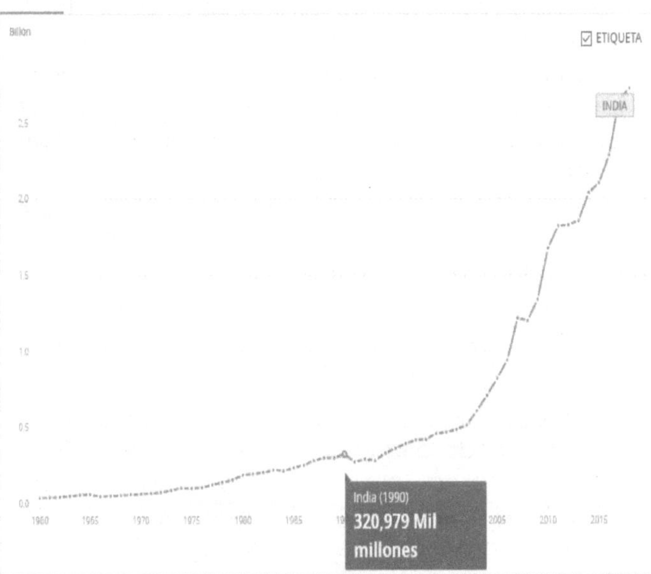

Gráfico 2. PIB per cápita (US$ a precios actuales) Datos sobre las cuentas nacionales del Banco Mundial y archivos de datos sobre cuentas nacionales de la OCDE (s.f), fuente: Banco Mundial (s.f).

En contraste Martínez (2018), asegura que en india si ha tomado medidas en cuanto a mejoras en el medio ambiente:

> (...) según datos del gobierno, genera casi 9,5 millones de toneladas de desechos plásticos anuales; de los que el 40% nunca se recogen. De ahí que el Ejecutivo indio llame a la responsabilidad social y ambiental de cada individuo para una labor que no es actividad de un día, sino un proceso continuo (Martínez, 2018, p.1).

Pero así mismo Martínez (2018), asegura que "pese a la medida, replicada a nivel estatal, las lagunas en el cumplimiento de la ley han impedido la reducción la producción y uso de plásticos en India" (p.4), es decir, existe un problema interno en cuanto a la aplicación de las medidas para la mejora del medio ambiente. Según Ganguly (s.f), reconoce que "en India, falta voluntad política para imponer medidas extremas y sujetas a plazos rigurosos" (p.2). Además, según Ganguly (s.f), también critica "la falta de objetivos para la reducción de emisión del recién anunciado Programa Nacional de Aire Limpio; que pretende mitigar la contaminación de las ciudades indias, aunque sin fechas límite ni metas a corto plazo" (p.4).

Los hallazgos encontrados fueron relevantes y aportaron sentido a la investigación ya que sirvieron para responder a los objetivos y a la pregunta problema, de no encontrarlos, seguramente hubiese quedado un gran vacío en la investigación, ya que no se hubiese encontrado la respuesta a la pregunta problema y se podría decir que este artículo no sería relevante, además, se abordó la contaminación ambiental de un modo muy general, debido a que en el artículo no se mencionó detalladamente los diversos tipos de contaminación.

4. CONCLUSIONES

Teniendo en cuenta los resultados anteriores se puede deducir que Estados Unidos e India son de los países que más contaminan y no están haciendo mucho por mejorar el medio ambiente. En cuanto a India, este país tiene acuerdos en los que se compromete a mejorar el medio ambiente pero estas mejoras no se ven y para Estados Unidos el cambio climático no existe por ende no establecen políticas por mejorar el medio ambiente.

Con los resultados anteriores, se puede deducir que India no cumple con los acuerdos firmados anteriormente porque internamente tienen un problema en cuanto a la vigilancia de que estos se cumplan, así lo menciona Martínez (2018), ya que según este, existen problemas internos a la hora de aplicar las pocas medidas que ha tomado india para mejorar el medio ambiente, es decir, prometen mucho a nivel internacional pero no saben cómo hacer para que estas promesas se vuelvan efectivas debido a que, con el tema de la contaminación ambiental no han determinado estrategias para tener un total control en su territorio. Para Estados Unidos como se mencionó anteriormente no existe el cambio climático, por esta razón, en sus políticas internas no existen temas relacionados para mejorar el medio ambiente, además, por eso mismo decide salirse del Acuerdo de París, así lo mencionó Martínez (2017), el cual además aseguró que *Donald Trump* "ha dejado de ser un aliado del planeta (...) dio rienda suelta hoy a sus creencias más radicales y decidió romper con el «debilitante, desventajoso e injusto» Acuerdo de París contra el cambio climático" (p.2), es decir, si para ellos no existe el cambio climático, no tiene sentido estar en un tratado que busca un objetivo que es entonces ilusorio.

En mayor contexto, según *Greta Thunberg* (en su discurso de apertura de la cumbre del clima en las Naciones Unidas), citado por BBC News Mundo (2019), en el cual cuestiona a los líderes de 60 naciones de la siguiente forma: "¿Cómo se atreven a seguir mirando hacia otro lado y venir aquí diciendo que están haciendo lo suficiente, cuando la política y las soluciones necesarias aún no están a la vista?" (p.5). Con esta pregunta, se puede señalar que

EE.UU., India y algunas otras naciones, han venido actuando con políticas suaves, que no han servido para disminuir las acciones en contra del calentamiento global, debido a que como asegura *Greta Thunberg*, citada por BBC News Mundo (2019), en el cual expresa que "lo único que pueden hablar es de dinero y (...) de crecimiento económico «eterno»" (p.5). En consecuencia, se puede añadir que han creado una cortina de humo encargada de hacer creer que están involucrados en la lucha contra este fenómeno, así se puede ver siguiendo al mismo autor, citado por BBC News Mundo (2019), donde expresa:

> La idea de reducir nuestras emisiones a la mitad en 10 años solo nos da un 50% de posibilidades de mantenernos por debajo de los 1,5 grados y el riesgo de desencadenar reacciones irreversibles en cadena más allá del control humano. Quizá 50% sea aceptable para ustedes (BBC News Mundo, 2019, p.6).

Además, expresa que dichos números:

> (...) no incluyen puntos de inflexión, la mayoría de los círculos de retroalimentación, calentamiento adicional oculto por la polución tóxica del aire o aspectos de equidad y justicia climática (...) Así que un riesgo del 50% simplemente no es aceptable para nosotros, que tenemos que vivir con las consecuencias (Ídem).

En definitiva, se puede señalar que los grandes países industrializados responsables del calentamiento global, en especial EE.UU. e India, se han dedicado sólo a crear medidas técnicas, ya que hasta el día de hoy no han presentado soluciones, planes en consonancia o medidas drásticas que son las que se necesitan; y mientras tanto las personas siguen sufriendo, la gente sigue muriendo y los ecosistemas enteros colapsando.

Respondiendo a la pregunta problema de esta investigación, las razones políticas para que Estados Unidos no haga nada para mejorar el medio ambiente y entre en un negacionismo según Ribera (s.f), determina que está ligada al lado económico ya que, las personas que dirigen a los Estados Unidos son inversores o industriales atrapados en un modelo obsoleto que no están dispuestos a abandonar y temen buscar alternativas para su economía básicamente porque estas alternativas no les garantiza que sigan siendo el país económicamente poderoso que actualmente son. La razones políticas para que India no quiera contribuir con minimizar el cambio climático es que, en los últimos años ha crecido su economía y esto se ve reflejado en su PIB, por esto prefiere establecer políticas en las que se desarrollen económicamente en vez de incrementar las políticas ambientales que de acuerdo a Ganguly (s.f), asegura que existen pero no tienen objetivos determinados, ni fechas a corto o largo plazo para ver reflejado un cambio y, por esa falta de determinación no se hace presión para que las emisiones de gases disminuyan. Por estas razones mencionadas, se puede determinar que la hipótesis inicial de la investigación es acertada, ya que ninguno de los dos países crea o mejoran las políticas para beneficiar el medio ambiente por miedo a perder el poder que han ido construyendo durante décadas en el sistema internacional, ya que a ninguno de los dos, nada ni nadie les garantiza que, aplicando las estrategias sobre el medio ambiente, su economía continúe surgiendo.

5. RECOMENDACIONES

Una vez concluida la investigación, se considera pertinente continuar la línea de investigación basada en las siguientes propuestas:

- Realizar un estudio en los años comprendidos entre 2000 y 2014 para encontrar más argumentos en cuanto a la generación de contaminación por parte de los países mencionados anteriormente.

- Que la línea de investigación continúe enfocada en analizar la veracidad y cumplimento de lo pactado en el Acuerdo de París.

- Desarrollar el estudio no sólo enfocado en EE.UU. e India sino también en otros países tanto industrializados y de esta forma abarcar un mayor análisis.

- Elaborar el trabajo de investigación enfocado en la contaminación del agua generada por industrias sobre todo en los países del tercer mundo ya que sus políticas son más flexibles y permiten una mayor afectación.

- Desarrollar un enfoque hacia las políticas sobre el medio ambiente que tienen los países desarrollados vs las políticas que tienen los países subdesarrollados, averiguar si estas se cumplen o no y si contribuyen en reducir el cambio climático.

REFERENCIAS BIBLIOGRÁFICAS

Acciona. (s.f.). *Acciona*. Recuperado el 19 de agosto de 2019, de https://www.acciona.com/es/cambio-climatico/

Ambiente, A. P. (11 de enero de 2019). *Ambientum Portal del medio ambiente*. Recuperado el 16 de septiembre de 2019, de https://www.ambientum.com/ambientum/contaminacion/estados-unidos-poder-contaminante.asp

Aquae Fundación. (s.f.). *Aquae Fundación*. Recuperado el 09 de septiembre de 2019, de https://www.fundacionaquae.org/wiki-aquae/sostenibilidad/los-gases-de-efecto-invernadero/

Banco Mundial. (s.f). Recuperado el 16 de septiembre de 2019, de https://datos.bancomundial.org/indicador/NY.GDP.PCAP.CD

BBC Mundo. (1 de junio de 2017). bbc.com. Recuperado el 6 de Septiembre de 2019, de Por qué Nicaragua es uno de los dos únicos países que se negaron a firmar el Acuerdo de París sobre cambio climático: https://www.bbc.com/mundo/noticias-internacional-40118400

BBC News Mundo. (23 de septiembre de 2019). *bbc.com*. Recuperado el 23 de septiembre de 2019, de Greta Thunberg: el desafiante discurso de la adolescente sueca ante los líderes mundiales en la cumbre del clima de la ONU: https://www.bbc.com/mundo/noticias-internacional-49804774

BBC News. (16 de 12 de 2018). *bbc.com*. Recuperado el 26 de 08 de 2019, de Cambio climático: casi 200 países, incluyendo a E E.UU., logran un acuerdo sobre cómo se aplicará el Acuerdo de

París: https://www.bbc.com/mundo/noticias-internacional-46582534

Bédard, R. (2003). Los Fundamentos. *GRUPO HUMANISMO Y GESTIÓN*, 20. Recuperado el 27 de 08 de 2019

Dávila Newman, G. (2006). El razonamiento inductivo y deductivo dentro del proceso investigativo en ciencias experimentales y. *Sistema de Información Científica*, 25. doi: 1315-883X

Castañeda, J. (s.f.). *uniminuto.edu*. Recuperado el 16 de septiembre de 2019, de LA PRAXEOLOGÍA: UN ENFOQUE DE PENSAMIENTO SOBRE LO HUMANO Y LO SOCIAL: http://www.uniminuto.edu/documents/2160026/8344583/LA+PRAXEOLOG%C3%8DA.pdf/a945f10c-0784-4d7b-b8fb-7a2649c1d27b

Colorado, M. (14 de febrero de 2019). *France24*. Recuperado el 16 de septiembre de 2019, de https://www.france24.com/es/20190214-medio-ambiente-cambio-climatico-trump

Duque, P. (29 de junio de 2018). *abcfinanzas.com*. Recuperado el 16 de 09 de 2019, de ¿Qué es la industrialización?: https://www.abcfinanzas.com/principios-de-economia/que-es-la-industrializacion

DW. (10 de febrero de 2016). DW Made for minds. Recuperado el 22 de Septiembre de 2019, de https://www.dw.com/es/india-ratifica-el-acuerdo-clim%C3%A1tico-de-par%C3%ADs/a-35944212

EFE, A. (7 de septiembre de 2015). *El Espectador*. Recuperado el 16 de Septiembre de 2019, de https://www.elespectador.com/noticias/medio-ambiente/estados-unidos-acumula-el-40-de-deuda-ambiental-del-mun-articulo-584426

EFE. (27 de 03 de 2019). *efe.com*. Recuperado el 23 de 09 de 2019, de Demócratas de EE.UU. presentan un plan que exige a Trump acatar el Acuerdo de París: https://www.efe.com/efe/america/sociedad/democratas-de-ee-uu-presentan-un-plan-que-

exige-a-trump-acatar-el-acuerdo-paris/20000013-
3936855

Excelsior. (04 de 06 de 2017). *excelsior.com*. Recuperado
el 10 de 09 de 2019, de China, el país más
contaminante del
mundo: https://www.excelsior.com.mx/global/20
17/06/04/1167612

Gagliani, M. (18 de octubre de 2015). *tendenzias.com*.
Recuperado el 16 de septiembre de 2019, de
¿Qué es el método cualitativo?:
https://tendenzias.com/ciencia/que-es-el-
metodo-cualitativo/

Gaxiola, C. (s.f.). *lifeder.com*. Recuperado el 16 de
septiembre de 2019, de Praxeología: Qué Estudia,
Fases y Ejemplo:
https://www.lifeder.com/praxeologia/

GeoEnciclopedia. (s,f). *geoenciclopedia.com*.
Recuperado el 20 de 08 de 2019, de
Industrialización:
https://www.geoenciclopedia.com/industrializaci
on/

Gettleman, S. K. (14 de 12 de 2017). *nytimes.com*.
Recuperado el 17 de 09 de 2019, de ¿Por qué
India no puede controlar su contaminación?:
https://www.nytimes.com/es/2017/12/14/india-
contaminacion-aire-modhi/

Grupo Emergente de Investigación de la Universidad
Mesoamericana. (s.f.). *Geiuma-oax.net*.
Recuperado el 16 de septiembre de 2019, de
IMPORTANCIA Y DEFINICIÓN DE LA
INVESTIGACIÓN DOCUMENTAL: http://geiuma-
oax.net/invdoc/importanciaydef.htm

Ideam. (s.f). *Ideam*. Recuperado el 09 de Septiembre de
2019,
de http://www.ideam.gov.co/web/atencion-y-
participacion-ciudadana/cambio-climatico

Investigación Científica. (s.f.). *investigacioncientifica.org*. Recuperado el 16 de septiembre de 2019, de ¿Qué es la investigación documental? Definición y objetivos: https://investigacioncientifica.org/que-es-la-investigacion-documental-definicion-y-objetivos/

Martínez Ahrens, J. (2 de junio de 2017). *El País*. Recuperado el 16 de Septiembre de 2019, de https://elpais.com/internacional/2017/06/01/esta dos_unidos/1496342881_527287.html

Martínez, C. (s.f.). *lifeder.com*. Recuperado el 17 de septiembre de 2019, de Investigación Documental: Características Principales: https://www.lifeder.com/investigacion-documental/

Miranzo, M., & del Río, C. (octubre de 2015). LAS CONSECUENCIAS DEL CAMBIO CLIMÁTICO EN EL MAGREB. *Revista UNISCI / UNISCI Journal* (39), 127-150.

Mohorte. (02 de noviembre de 2018). magnet.xataka.com. Recuperado el 26 de agosto de 2019, de Sólo 16 países están cumpliendo con las emisiones de los Acuerdos de París. Y son irrelevantes: https://magnet.xataka.com/en-diez-minutos/solo-16-paises-estan-cumpliendo-emisiones-acuerdos-paris-irrelevantes

Monterey, I. (s.f.). *montereyinstitute.org*. Recuperado el 16 de Septiembre de 2019, de Razonamiento Deductivo: http://www.montereyinstitute.org/courses/Algebr a1/COURSE_TEXT_RESOURCE/U12_L1_T4_text_final _es.html

Morillo, J. (20 de diciembre de 2011). *juandemariana.org*. Recuperado el 16 de septiembre de 2019, de Praxeología: Definición: https://www.juandemariana.org/ijm-actualidad/analisis-diario/praxeologia-definicion

Naciones Unidas. (S.f). *un.org*. Recuperado el 26 de 08 de 2019, de Objetivo 13: Adoptar medidas urgentes para combatir el cambio climático y sus efectos: https://www.un.org/sustainabledevelopment/es/climate-change-2/

Pereda, C. (2 de junio de 2017). elpais.com. Recuperado el 6 de septiembre de 2019, de Qué ocurre con el Acuerdo de París tras el abandono de Estados Unidos: https://elpais.com/internacional/2017/05/31/estados_unidos/1496238308_555328.html

Pérez, C. (marzo de 2015). *repository.uaeh.edu.mx*. Recuperado el 16 de Septiembre de 2019, de Pensamiento Deductivo e Inductivo: https://repository.uaeh.edu.mx/bitstream/bitstream/handle/123456789/16871/youblisher.com-1106102-.pdf?sequence=1&isAllowed=y

QuestionPro. (s.f.). *questionpro*. Recuperado el 17 de septiembre de 2019, de ¿Cuáles son los Métodos de investigación cualitativa y cuantitativa?: https://www.questionpro.com/blog/es/metodos-de-investigacion-cualitativa-y-cuantitativa/

Rodríguez, A. (s.f.). *lifeder.com*. Recuperado el 16 de septiembre de 2019, de Razonamiento Deductivo: Características, Tipos y Ejemplos: https://www.lifeder.com/razonamiento-deductivo/

Rodríguez, C. (29 de septiembre de 2018). *DirigentesDIGITAL.COM*. Recuperado el 14 de Septiembre de 2019, de https://dirigentesdigital.com/mercados/eeuu/el-retroceso-estadounidense-en-politicas-medioambientales-LX220872

Socorro, F., Reyes, G., & Trujillo, R. (28 de enero de 2019). Revista Espacios. Vol. 40, Año 2019, Número 3, Pág. 12 Recuperado el 2019 de 6 de septiembre de 2019. de http://www.revistaespacios.com/a19v40n03/19400312.html

Sostenibilidad para todos. (19 de 08 de 2019). *sostenibilidad.com*. Obtenido de Top 5 países más contaminantes: https://www.sosteni bilidad.com/medio-ambiente/top-5-paises-mas-contaminantes/

Stop cambio climático. (16 de 03 de 2019). *stopcambioclimatico.es*. Recuperado el 09 de 10 de 2019, de El top cinco de los países más contaminantes del mundo: https://www.stopcambioclimatico.es/201 9/03/16/el-top-5-de-los-paises-mas-contaminantes-del-mundo/

Trotta, T. (17 de noviembre de 2017). elpais.com. Recuperado el 6 de Septiembre de 2019, de 50 medidas para detener la contaminación: https://elpais.com/elpais/2017/11/07/planeta_fut uro/1510069313_081746.htm

Ujaen.es. (s.f.). *ujaen.es*. Recuperado el 16 de septiembre de 2019, de METODOLOGIA CUALITATIVA: http://www.ujaen.es/investiga/tics_tfg/enfo_cuali .html

Vallejo, C. (2017). *politicaexterior.com*. Recuperado el 17 de 09 de 2019, de Donald Trump y el medio ambiente: https://www.politicaexterior.com/articulos/econo mia-exterior/donald-trump-y-el-medio-ambiente/

Varela, R. (17 de febrero de 2019). *economiasimple.nety*. Recuperado el 16 de 09 de 2019, de Conoce el top 10 de los países más industrializados del mundo: https://www.economiasimple.net/conoce-el-top-de-los-paises-mas-industrializados-del-mundo.h

LA INTELIGENCIA ARTIFICIAL, GENERADOR DE DESEMPLEO EN COLOMBIA

Artificial intelligence generates unemployment in Colombia

CONTRERAS, Dana, G.[4]

TORRES, Echelcy, M.[5]

VILLAMIZAR, Laura, A.[6]

Resumen

La IA es la disciplina que se encarga de construir procesos que al ser ejecutados sobre una arquitectura física produce resultados que maximizan una medida de rendimiento. Por lo cual se buscó identificar, analizar y explicar las consecuencias para la población colombiana de lo cual se obtuvo como resultado directo el desempleo masivo en algunos sectores como; servicios financieros, gestión empresarial, minería, telecomunicaciones y fábricas de ensamblaje, esto se realizó por medio de una metodología cualitativa con un enfoque praxeológico.

Palabras clave: INTELIGENCIA, ARTIFICIAL, GENERADOR, DESEMPLEO

---

[4] Estudiante de IV semestre de Negocios y Relaciones Internacionales. Facultad de Ciencias Económicas y Sociales. Universidad de La Salle. Bogotá, Colombia Emails: dcontreras91@unisalle.edu.co / gabycontreras464@gmail.com

[5] Estudiante de IV semestre de Negocios y Relaciones Internacionales. Facultad de Ciencias Económicas y Sociales. Universidad de La Salle. Bogotá, Colombia Emails: ectorres25@unisalle.edu.co / tuvjnld@gmail.com

[6] Estudiante de IV semestre de Negocios y Relaciones Internacionales. Facultad de Ciencias Económicas y Sociales. Universidad de La Salle. Bogotá, Colombia Emails: lvillamizar44@unisalle.edu.co / alejavillamizaravila@gmail.com

Abstract

Artificial intelligence is the discipline responsible for constructing processes that when executed on a physical architecture produces results that maximize a measure of performance. The arrival of this process in Colombia is generating a change in the composition of companies and work models that brings a phenomenon of unemployment, so the aim is to identify and expose the consequences for the Colombian population, this by means of a qualitative methodology with a praxeological approach.

Key words: ARTIFICIAL INTELLIGENCE, GENERATOR, UNEMPLOYMENT.

1. INTRODUCCIÓN

La llegada de la inteligencia artificial a Colombia ha generado que el fenómeno del desempleo evolucione a tal magnitud que en la actualidad el país cuenta con una de las mayores tasas de desempleo en Latinoamérica, por lo tanto, el alcance de la investigación empieza desde el siglo XX con la definición del concepto de inteligencia artificial (IA) hasta la actualidad donde se incluye el concepto de desempleo y la relación entre ambos fenómenos, enfocado en el impacto que esto ha generado para Colombia en el sector primario y secundario para el siglo XXI.

Se presentan así, variedad de autores que le quieren dar una definición a la inteligencia artificial como Velasco (2011), que afirma que "la Inteligencia Artificial (IA) es la rama de las Ciencias de la Computación que estudia el software y hardware necesarios para simular el comportamiento y comprensión humanos". (p.1).

Continua Velasco afirmando que:

> El objetivo último de la IA es simular la inteligencia humana en una máquina creando robots que sean conscientes y con sentimientos reales, similares a los humanos. Uno de los problemas más difíciles es la simulación de la conciencia, cualidad humana que hace que nos demos cuenta de nuestra propia existencia. (Velasco, 2011, p.1).

También para Benítez, et al (2013), la inteligencia artificial es "es una disciplina académica relacionada con la teoría de la computación cuyo objetivo es emular algunas de las facultades intelectuales humanas en sistemas artificiales" (p.8).

Se añade también al concepto Haugeland (1995), citado por Bernal (2015), argumentando que la inteligencia artificial es "la interesante tarea de lograr que las computadoras piensen en su amplio sentido literal" (p.22), por otro lado, está Charniak (1985), citado por Bernal (2015), que afirma que es "el estudio de las facultades mentales mediante el uso de modelos de computación" (p.22).

A pesar de todo esto la inteligencia artificial trae consigo diferentes beneficios como lo son: el aumento de productividad de las empresas, ya que, las máquinas son más eficientes que los trabajadores, con esto aumente el crecimiento económico de estas mismas. Estas nuevas herramientas llegan a tener tanto éxito que realizan innovaciones y llevan a crear nuevas ideas para el desarrollo y crecimiento de industrias. Realizan una mejora en la resolución de las personas en problemas cotidianos en la vida real.

Lo interesante de la inteligencia artificial es que se puede aplicar en casi todas las áreas. Además, en este momento los mejores sistemas de inteligencia artificial llegan a la escala de animales pequeños que pueden reconocer imágenes, y aunque en un futuro podría llegar al nivel humano y hasta superarlo, para eso hay todo un camino que requerirá de tiempo e inversión.

En cuanto al desempleo se define por ILO (1987), citado por Pugliese (2000), que es:

> El término desempleo incluye a todas las personas por encima de una determinada edad (variable en cada país) que en el período de referencia estaban: a) sin trabajo, es decir, no trabajaban por cuenta ajena ni por cuenta propia, b) disponibles para trabajar en la actualidad, es decir, disponibles para un trabajo por cuenta ajena o por cuenta propia, c) buscando trabajo, es decir, actuando para encontrarlo. (Pugliese, 2000, p. 60).

Complementa Neffa (2014), afirmando que el desempleo es simplemente "el principal problema planteado es que la medición del desempleo apenas abarca un aspecto dentro del conjunto de la problemática ocupacional, ya que solo se refiere a la falta de empleo" (p.10).

En cuanto al desempleo en Colombia Dinero (2019), afirma que:

> El desempleo plantea tal vez el problema económico más urgente por resolver en

Colombia. Y además porque el aumento de los desocupados se produjo en medio de una menor tasa de participación. Es decir, el desempleo repuntó a pesar de que menos gente buscó trabajo durante los primeros meses del año. Hace rato el país entró en una temporada de destrucción neta de puestos de trabajo (Dinero, 2019, p.1).

Por otra parte, el desempleo en Colombia es un fenómeno laboral que consiste en el enfriamiento del mercado laboral, el cual viene desde principios del 2016 y a partir de ese momento se registró una profundización de ese deterioro en los últimos 6 o 7 meses hasta la actualidad, así lo señala el economista Hofstetter (2019), citado por Dinero (2019).

También, se revelan porcentajes actuales de la tasa de desempleo en Colombia que según Portafolio (2019), asegura que "en mayo de 2019 la tasa de desempleo en el total nacional fue 10,5 % y en el total 13 ciudades y áreas metropolitanas fue 11,2 %, informó este viernes el Departamento Nacional de Estadística (DANE)" (p.1).

Además, el Banco de la Republica (2018), señala que el fenómeno del desempleo se presenta, cuando la cantidad de quipos, maquinaria, recursos financieros y técnicos con que cuenta un país son insuficientes para permitir el empleo de la fuerza de trabajo disponible en el país, hay que considerar que en unas regiones existen factores de producción que no están disponibles en otras y que en cada región se usan en proporciones distintas.

También, entre una región y otra se debe tener en cuenta que varían las condiciones de crecimiento y evolución del aparato económico y de la estructura de preferencias de la población. Como resultado de todo ello, las características del fenómeno del desempleo en una economía no necesariamente son iguales a las de otra.

Adicionalmente, Cardona (2019), señala que:

> El auge de las tecnologías siempre ha traído consigo transformaciones en el mercado laboral. Los avances frecuentemente han desplazado labores humanas, pero al mismo tiempo han reclamado que la población tenga una formación más compleja para interactuar con dichas tecnologías: ya sea para gestionarlas o para potenciarlas hacia la producción de bienes y servicios antes impensables. (Cardona, 2019, p.2).

Por otra parte, el DANE (2019), hace un meticuloso estudio que indica que, para el mes de julio de 2019, la tasa de desempleo fue 10,7%, lo que representó un aumento de 1,0 puntos porcentuales respecto a julio de 2018 (9,7%). La tasa de ocupación se ubicó en 56,2%, lo que significó una disminución de 1,2 puntos porcentuales respecto al mismo mes de 2018 (57,4%). Finalmente, la tasa global de participación se ubicó en 63,0%, en el mismo mes del año anterior esta tasa fue 63,6%.

Con todo esto podemos entonces analizar un amplio campo del cómo esta inteligencia artificial se ha ido incorporando poco a poco en nuestro país, haciendo un desplazamiento constante debido a su avance de mano de obra.

Hasta hace unos años, los cambios laborales se demoraban décadas en producirse. Los trabajadores sentían una estabilidad que les daba tranquilidad en sus vidas, el desarrollo de la tecnología, la llegada del internet, el perfeccionamiento del software y el crecimiento de la robótica revolucionaron decenas de industrias y esa estabilidad laboral.

Las nuevas tecnologías artificiales han orillado a las más grandes empresas a reemplazar su mano de obra como explica Varghese (2018), la tecnología "amplifica muchos efectos, entre estos, una posibilidad de un desplazamiento masivo de trabajadores debido a la automatización" (p. 127) y no sólo trae consigo el efecto del desempleo sino, las pésimas condiciones en las que se encuentran los trabajadores gracias a estas nuevas innovaciones como así lo dice Marx (1867), citado por Varghese (2018), el capitalismo conducirá a "una desigualdad creciente y a una pauperización masiva relativa y también, las empresas competirán entre ellas lo que las obliga a pagar a los trabajadores cada vez menos en proporción con el incremento de la productividad" (p. 127).

A partir de eso asegura entonces, Sala de Prensa (2019), que:

> En economías desarrolladas, la inteligencia artificial (IA) ya es una herramienta que está cambiando la forma cómo interactúan las empresas con sus consumidores. Para economías emergentes como la colombiana, el potencial de crecimiento es gigantesco. Expertos mundiales han coincidido y han definido esta tecnología

> como una forma de potencializar el trabajo humano. (Sala de Prensa,2019, p.2).

El presidente Iván Duque comprende esta problemática al igual que su ministra de tecnologías de la información y la comunicación, Sylvia Constaín, sin embargo, asegura que este asunto no está en su plan de gobierno tampoco en el de los medios de comunicación o en el sector empresarial. Es cierto que Colombia afronta difíciles problemas, y que una discusión sobre algo que nos parece tan lejano más grave aún en los trabajadores, al menos muchos de ellos, ignoran el despiadado gigante que se nos avecina así lo menciona Santos (2018).

La IA constantemente contribuye a la facilidad para la realización de ciertas tareas tanto domésticas, como a otras de más nivel empresarial. Estas herramientas que facilita poco a poco le están haciendo a las personas la vida más fácil sin dejar el factor de cómo las personas se están volviendo dependientes, creando así una interdependencia que en el futuro que nos hará difícil deshacernos de ella. Sin embargo, no se queda atrás el hecho de que, así como están haciéndonos las maquinas la vida más fácil no vemos detrás de todo esto, y cómo estos fáciles accesos nos están quitando poco a poco el empleo.

Con base a lo dicho anteriormente, surge nuestro principal problema, ¿cuáles son las consecuencias de la inteligencia artificial en Colombia?, generando así una hipótesis que nos ayuda a dar posibles respuestas a este problema que como consecuencia tenemos un desempleo masivo de colombianos gracias a el reemplazo que se les dará por maquinarias que cumplan sus funciones con mayor eficiencia y rapidez, con el reemplazo se llevará una mayor productividad en una empresa la cual se beneficiará a gran escala económicamente, lo que le permitirá generar innovaciones y posicionarse estratégicamente para un crecimiento continuo. Con todo esto se busca además la facilidad para realizar tareas cotidianas, no obstante, no se ve con otros ojos sino el del desempleo masivo que podría desarrollarse.

Por otra parte, podemos señalar como primer objetivo el reconocer y analizar los sectores donde los trabajadores colombianos se ven más afectados y, en segundo lugar, determinar cómo se podrían combatir estás nuevas tecnologías que se aproximan con gran velocidad a realizar cambios en la vida laboral y cotidiana.

2. METODOLOGÍA

El presente trabajo se realizó bajo una metodología de carácter cualitativo, este tipo de investigación según Bonilla y Rodríguez (1997), citados por Monje (2011), se interesa por "captar la realidad social «a través de los ojos» de la gente que está siendo estudiada, es decir, a partir de la percepción que tiene el sujeto de su propio contexto" (p.12). Este tipo de investigación surgió desde el siglo pasado y se ha mantenido a lo largo del siglo XX.

La crisis experimentada por las ciencias humanas desde los años 60 y 70 y los replanteamientos epistemológicos y metodológicos que se han realizado a partir de ella, contribuyeron a su resurgimiento y en la actualidad pensar que no se dé una interacción entre el sujeto y el objeto de conocimiento es inadmisible ya que si existe algo que mueve la ciencia es la relación entre el sujeto y el objeto, esa dinámica de los procesos es lo que genera los temas y los problemas de la ciencia y a raíz de esto el enfoque cualitativo genera interrogantes por la realidad social, construirla conceptualmente, guiada siempre por un interés teórico y una postura epistemológica explicando así la Corporación Internacional para el Desarrollo Educativo (2011).

Por consiguiente, se identifica la técnica cualitativa como el descubrimiento que sirve de puente para la verdadera investigación, en contexto de comprobación rigurosa y precisa por medio de la observación de primera mano del desarrollo de los fenómenos sociales, de esta manera al hablar de métodos cualitativos en definitiva es hablar de un estilo o modo de investigar los fenómenos sociales en el que persiguen determinados objetivos para dar respuesta adecuada a uno o varios problemas en concreto a los que se enfrenta esta misma investigación, de esta manera lo anuncia Ruiz (2012).

Cabe resaltar que según Grinnell (1997), citado por Angulo (s.f), también se utiliza primero para descubrir y refinar preguntas de investigación. A veces, más no siempre necesariamente, se prueban hipótesis. Con frecuencia se basa en métodos de recolección de datos sin medición numérica, como las descripciones y las observaciones.

Adicionalmente, la presente investigación tuvo énfasis en la investigación documental, la cual, Según Alfonso (1995), citado por Morales (s.f), es un procedimiento científico y sistemático de indagación, recolección, organización, análisis e interpretación de información o datos en torno a un determinado tema. Al igual que otros tipos de investigación, éste es conducente a la construcción de conocimientos tiene la particularidad de utilizar como fuente escrito en sus diferentes formas.

De acuerdo con Socorro, Reyes y Trujillo (2019), la investigación documental se realiza a partir de datos que "provienen de libros, artículos, videos, revistas, publicaciones periódicas y otras fuentes que, a juicio de los investigadores, ofrecen el contenido que se desea contrastar, relacionar y/o vincular al propósito de su investigación" (p.2).

Sin embargo, según Kaufman y Rodríguez (1993), citados por Morales (s.f), los textos no necesariamente deben realizarse sólo sobre la base de consultas bibliográficas; ya que se puede recurrir a otras fuentes como, por ejemplo, el testimonio de los protagonistas de los hechos, de testigos calificados, o de especialistas en el tema.

De acuerdo a lo anterior, la investigación cualitativa debo poseer ciertas características; 1) interactuar con los informantes de un modo natural y no intrusivo, 2) comprender a las personas dentro del marco de referencia de ellas mismas siendo fundamental para la investigación cualitativa experimentar la realidad tal como otros la perciben. 3) apartar sus propias creencias, perspectivas y predisposiciones, 4) o todas las perspectivas son valiosas porque no busca la verdad o la moralidad, sino una comprensión detallada de las perspectivas de otras personas, como lo explica López (2011).

Por otra parte, el enfoque del presente artículo de investigación es praxeológica esto porque se suministra información de tipo fenomenológico, lo cual quiere decir que el conocimiento está ligado a los cincos sentidos y los sentimientos de acuerdo a

Bédard (2003). De esta manera, en el análisis de la información se podría apreciar que los sentimientos, tanto de las personas afectadas (empleados), como los beneficiados (empresas), son el eje fundamental de la investigación al igual que los sentidos, esto debido a la percepción que se le da a la realidad.

Se entiende por información de tipo feno-menológico a aquel método que no parte del diseño de una teórica, sino del mundo conocido y a partir de este se realiza un análisis descriptivo estudiando así de manera objetiva la realidad social.

Por consiguiente, se tiene características de una consistencia lógica y una adecuación al fenómeno estudiado y su énfasis es en las acciones de los sujetos, por último, el método fenomenológico puede resultar particularmente útil para la interpretación de los hechos y procesos estudiados; para captar el sentido de los fenómenos y la intención de las actividades de esta manera lo señala Correa et al (2013).

En la praxeología se da prioridad a los actores sociales, como sujetos constructores de conocimiento a partir de sus propias prácticas sociales y profesionales.

La centralidad que conferimos a la realidad, por su capacidad para constituirnos como personas y ciudadanos, en su condición de construcción social, mediatizada por relaciones de saber que reposan en relaciones de poder. Se trata de poner en posición de sujetos a los actores que intervienen en el quehacer praxeológico, para que así puedan ser constructores de su realidad social, de esta manera lo señala la Corporación Universitaria Minuto de Dios (2011).

La Praxeología se basa en el axioma fundamental de que el ser humano actúa, es decir, que pretende alcanzar unos determinados fines que habrá descubierto que son importantes para él. El método praxeológico gira en torno a la deducción verbal de las implicaciones lógicas del hecho de que los seres humanos actúen, es decir, que elige una serie de medios escasos para lograr sus fines, el ser humano usa su punto de vista para saber lo que es bueno y malo para reaccionar de forma coherente ante una situación así lo menciona Bentue (2011).

Cabe destacar que se ha utilizado en la realización de esta investigación un razonamiento deductivo.

La deducción es uno de los principales métodos de razonamiento o conclusión y un método de investigación imprescindible en este sentido amplio por deducción se entiende toda conclusión a la que lleguemos después de un razonamiento sin embargo es un sentido más estricto y específico, la deducción se entiende como la demostración o derivación certera de la afirmación o consecuencia de una o de varias afirmaciones lo cual señala Rodríguez (s.f).

En este proceso el razonamiento parte de una o más declaraciones para llegar a una conclusión la deducción conecta las premisas con las conclusiones; si todas las premisas son ciertas, los términos son claros y las reglas de deducción son usadas, la conclusión debe ser cierta, en una deducción, se comienza con un argumento general o hipótesis y se examinan las posibilidades para llegar a una conclusión específica y lógica para así poder entender el argumento del que se está hablando Así mismo lo menciona Robles (s.f.).

Afirma Concepto Definición (2010), que "cuando se habla de método deductivo se refiere a aquel método donde se va de lo general a lo especifico. Este comienza dando paso a los datos en cierta forma válidos, para llegar a una deducción a partir de un razonamiento de forma lógica o suposiciones" (p. 2).

Para Maya (2014), la deducción "es una forma de razonamiento que parte de una verdad universal para obtener conclusiones particulares. este método tiene una doble función encubrir consecuencias desconocidos de principios conocidos" (p. 14). Así mismo, para Ruiz (2007), en el proceso deductivo tiene que tomarse en cuenta la forma como se definen los conceptos (los elementos y relaciones que comprenden) y se debe realizar en varias etapas de intermediación que permite pasar de afirmaciones generales a otras más particulares hasta acercarse a la realidad concreta a través de indicadores o referentes empíricos. Este procedimiento es necesario para poder comprobar las hipótesis con base en el material empírico obtenido a través de la práctica científica.

3. RESULTADOS

Si bien es cierto, con el rápido avance de los sistemas computacionales y la creación de grandes bases de datos, emerge una nueva técnica de inteligencia artificial la cual es conocida como Minería de datos o *Data Mining*, que según Sosa (2007), esta técnica es considerada una etapa previa en la generación de conocimiento, debido a que los avances en los sistemas han crecido surge la necesidad de extraer información valiosa para la toma de decisiones en un mundo globalizado y de esta manera, establecer una estrategia competitiva se convierte en un tema de vital importancia para garantizar la sostenibilidad de un negocio frente a sus competidores.

Debido a lo anterior, la inteligencia artificial en la gestión empresarial y su aplicación se centra principalmente en la creación de sistemas inteligentes. Estos sistemas están diseñados para servir de soporte a los complejos análisis que se requieren en el descubrimiento de las tendencias del negocio, con el fin de tomar decisiones eficientes y oportunas. Es de esta manera que le permite a quienes toman decisiones afrontar los retos del nuevo mundo empresarial, en el cual el conocimiento aparece como el factor esencial para el desarrollo de las organizaciones.

De acuerdo a Sosa (2007), algunas de las áreas de aplicación de los sistemas expertos en la gestión empresarial serían las siguientes:

- Planeación corporativa financiera

- Análisis de inversiones

- Concesión de créditos

- Interpretación de índices

- Análisis de tendencias

- Recuperación y revisión analítica de registros

- Cálculo y asignación de costos

- Asignación de recursos escasos

- análisis de estados financieros

- Diseño de sistemas de información y de gestión

- Análisis de riesgos
- Evaluación del control interno de una empresa

Con lo anterior, se puede detallar el impacto positivo que genera la inteligencia artificial en las empresas, sin embargo, no es lo mismo para los trabajadores ya que si se realiza el respectivo análisis de las áreas de aplicación de esto sistemas expertos en la gestión empresarial, es evidente el desplazamiento del personal, ya que todos los procesos anteriormente nombrados los ejecutaría un sistema el cual en ocasiones solo se requiere de un operador, dejando a un lado a todo personal que se necesita para realizar tan solo una de las labores.

Según un estudio del Foro Económico Mundial (2018), citado por Larrota (2018), asegura que "en 2022 podrían desaparecer 75 millones de empleos en sectores como la contabilidad, el secretariado, las fábricas de ensamblaje, los centros de gestión de clientes o los servicios postales." (p.1). Así mismo, existen otros sectores que se verán afectado por la inteligencia artificial como dice Larrota (2018), en donde "la escasez de calificaciones es preocupante en los sectores de las tecnologías de la información y la comunicación, los servicios financieros, y la minería y metales" (p.18).

Además, Larrota (2018), también afirma que "en 2025 más de la mitad de todas las tareas realizadas en los lugares de trabajo las harán máquinas, frente al 29% actualmente" (p.1). En el caso colombiano, existen posibilidades de que esta situación tanto en el presente como en el futuro beneficie como lo afirma El Universal (2019), a través de reentrenamiento de personal, más empleos del sector público, un salario mínimo mayor, menos impuestos para salarios ganados, y para la próxima generación de trabajadores, con mucha mejor educación y «muchos más diplomas universitarios» se puede lograr el máximo aprovechamiento de esta nueva tecnología, ampliando a su vez el sector educativo como causa de la innovación y de esta manera adaptándose al entorno laboral que desde ya está evolucionado y por ende pidiendo un cambio. Es decir, como lo señala la Doctor Silva Colmenares, citado por Jiménez (2003), el resto de esta nueva concepción es aumentar y mejorar la inversión en el capital humano y eso es lo que debe entender y aprender el gobierno colombiano para generar provecho de la situación.

Así Colombia, se ha incorporado poco a poco al desarrollo de la inteligencia artificial como lo aclara El Espectador (2019), donde afirma que:

> Una comisión colombiana (representada por el Ministro de Comercio, Industria y Turismo, José Manuel Restrepo, en compañía del viceministro de economía digital de las TIC, Jehudi Castro y la directora de Planeación Nacional, Gloria Alonso) acudió al Consejo Ministerial de la OCDE para representar al país en el debate sobre cómo aprovechar la transición digital para el desarrollo sostenible. (El Espectador, 2019, p.1).

Dijo entonces Restrepo (2019), citado por El Espectador (2019), que "la adhesión va en línea con la meta que tiene Colombia de convertirse en un líder regional para diseñar e implementar las políticas que permitirán conectar el aparato productivo del país con el aterrizaje de la Cuarta Revolución Industrial" (p.2).

Con esto Sala de Prensa (2019), analiza que:

> De acuerdo con cifras del Ministerio de las TIC, el 1,8% de las empresas colombianas utiliza herramientas de la inteligencia artificial. Con el fin de mostrar el potencial que tienen las tecnologías maduras en el mercado colombiano, TigoUne desarrollará el TigoUne Business Fórum en Bogotá. (Sala de Prensa, 2019, p.1).

Por otra parte, el MinTIC (2017), citado por Sala de Prensa (2019), dejaron ver:

> Cómo los empresarios han entendido, en los últimos años, la importancia de utilizar las TIC para mejorar sus procesos productivos. Es así como se pasó de un índice de uso de Tecnologías Maduras del 26%, en 2015, a un 55% en 2017. (Sala de prensa, 2019 p.2).

Además, un análisis revelado por Sala de Prensa (2019), demuestra que "un 28% de empresas han adoptado sistemas de ciberseguridad, 17% utilizan computación en la nube, 9% están utilizando el Internet de las Cosas, mientras que sólo el 1.8% aprovechan la inteligencia artificial." (p.1)

Así Cataldo (2019), explica lo siguiente:

> Las empresas en el país comienzan a dimensionar los ahorros económicos y operativos que se logran utilizando herramientas de inteligencia artificial. Estudios internacionales han mostrado que las organizaciones que le sacan provecho estas

tecnologías ahorran cerca de un 25% anual en costos operativos. (Cataldo,2019, p.3)

Con esto afirma Motalvo (2015), que específicamente en un estudio realizado por SAS "revela que solo un 20% de las empresas estarían preparadas para enfrentarse a la implementación de la IA con los adecuados equipos científicos de datos" (p.6), continua Motalvo (2015), diciendo:

> Mientras que otro porcentaje no sería capaz, ya que, no dispone del equipo necesario así, a través de formaciones y conferencias de esta manera los empleos de actividad monótona como el sector de la industria manufacturera, atención telefónica, cajero o vigilante de seguridad son más susceptibles de gestionarse futuramente por máquinas. (Motalvo, 2015, p.6)

De acuerdo a Trahtemberg (2017), en este momento, "los programas de inteligencia artificial solo son herramientas, pero suficientes para dar una nueva forma al significado del trabajo, la generación de riqueza." (p.1), Así mismo, Trahtemberg (2017), señala que:

> Tiene mucha información sobre un campo específico, este tipo de inteligencia artificial se está incorporando a miles de campo, y a medida que lo vayan haciendo eliminará muchos trabajos como en el banco, medicina, *callcenters*, asistentes legales, Con el tiempo esta tecnología llegará a controlar maquinaria semiautónoma y autónoma, como en los vehículos que se conducen solos y los robots. (Trahtemberg, 2017, p.1).

En el objetivo general que se planteó en la investigación, se buscaba reconocer y analizar los sectores donde los trabajadores colombianos se ven más afectados. De tal manera que la discusión se centrará en aquellos aspectos más relevantes que se han extraído de los resultados obtenidos mostrando etapas de la (IA) y el desempleo. La inteligencia artificial es una de las etapas o tareas de la producción que puede hacer que un empleo o actividad sea más productiva, afectado a la mayoría de la persona en su trabajo.

Durante la investigación se pudo demostrar como varios autores definen el concepto de la (IA) Y el desempleo, lo cual ayudo a demostrar esta problemática y relación que tienen ambas en Colombia dejando así a cierto porcentaje de las personas sin empleo. Gracias a la indagación realizada, se estableció las posibles soluciones para combatir las problemáticas y evitar de que las maquinas no remplazaran los trabajos de las personas enfocados en Colombia, pero Así mismo llevar al máximo aprovechamiento de esta nueva tecnología.

Sin embargo, a lo largo de la investigación y con los resultados obtenidos surgen nuevos interrogantes frente al tema, esto debido a que se pudo determinar que las consecuencias no son netamente negativas si se logra educar a las personas para que comprendan el funcionamiento de esta nueva tecnología. Por lo tanto, ¿cómo el Gobierno garantiza que se va a dar el máximo aprovechamiento de la IA, sin afectar el empleo de la población colombiana?, ¿cuáles son las medidas que el Gobierno debería tomar frente a la ola de desempleo causada por la IA?

4. CONCLUSIONES

La llegada de inteligencia artificial a Colombia ha sido un auge tanto para los empresarios como para los trabajadores, sin embargo, no se había estudiado a profundidad las consecuencias que esto genera para la población trabajadora de Colombia determinando así nuestro cuestionamiento de ¿cuáles son las consecuencias de la inteligencia artificial en Colombia? Llevando a cabo la investigación por medio de una metodología de tipo cualitativa, con énfasis documental y a su vez, en la praxeología al igual que se utilizó el método deductivo.

Lo inicial para abordar la problemática expuesta es aclarar el concepto que se utilizará de IA, para lo cual se han recurrido a algunos autores expertos en el tema y de esta manera obtener diferentes puntos de vistas frente al tema del mismo modo, se analizó diversas definiciones de desempleo y la magnitud de este en Colombia.

A partir de lo mencionado anteriormente, se planteó una hipótesis que de acuerdo a la investigación y a los resultados obtenidos se comprobó que era verdadera, ya que la llegada de una nueva tecnología como lo es la inteligencia artificial a Colombia genera un desempleo masivo, analizando esto desde la actualidad hacia el futuro, ya que las verdaderas consecuencias serán visibles a futuro.

Es así como se pudo reconocer el impacto que esto genera, ya que de acuerdo a la Agencia de Información Laboral (2019), los empleos de robotización y nuevas formas de producción llevaran a transformaciones de tareas, al igual que la eliminación de puesto de trabajos que se desarrollan en nuevos procesos productivos y actividades económicas que se relacionan con la interacción entre seres humanos, máquinas y sistemas de software.

A su vez, también fue posible analizar algunos de los sectores donde los colombianos se pueden ver más afectados, ya que de acuerdo a Larrota (2011), es evidente que:

> La llegada de esta ola tecnológica a Colombia genera que sectores como la contabilidad, gestión empresarial, el secretariado, las fábricas de ensamblaje, los centros de gestión de clientes o los servicios postales, al igual que los sectores de telecomunicaciones, servicios financieros y la minería y metales son los principales afectados con la llegada de la inteligencia artificial a Colombia. (Larrota, 2017, p.2).

Sin embargo, también se pudo determinar que si el gobierno colombiano, aplica las políticas necesarias para el aprovechamiento de la inteligencia artificial es posible maximizar la preparación educativa y laboral de la población colombiano y de esta manera, apoyar el trabajo que realiza cada individuo apoyado de las máquinas y sistemas inteligentes, esto nos lleva a una preparación académica constante y en áreas que suponen ayudar a completar los conocimientos previos.

Lo anterior dicho, se puede utilizar como herramientas para combatir a las nuevas tecnologías, apoyándonos de Trahtemberg (2017), quien argumenta que:

> Con la preparación académica se puede trabajar de la mano de las máquinas para hacer eficiente nuestro trabajo. Además, con esta preparación estamos buscando estar a la par de la tecnología, ya que los programas de inteligencia artificial son solo herramientas capaces de dar un nuevo significado y forma al trabajo generando así riqueza. (Trahtemberg,2017, p.6).

Para finalizar, la pregunta se logró resolver gracias a la ardua investigación, donde se evidencio que con el paso del tiempo se acerca un desempleo masivo como consecuencia de la llegada de la inteligencia artificial a Colombia, comprobando de esta manera la hipótesis planteada que de acuerdo con Sala de Prensa (2019), las cifras del "Ministerio de las TIC, el 1,8% de las empresas colombianas utiliza herramientas de la inteligencia artificial. Con el fin de mostrar el potencial que tienen las tecnologías maduras en el mercado colombiano." (p.8). Por lo tanto, también se pudo establecer que las consecuencias no necesariamente son malas o desafortunadas para la población colombiana, ya que si el Gobierno colombiano toma las medidas necesarias para el aprovechamiento de esta nueva tecnología el país puede maximizar beneficios, pero a su vez, garantizar un mejor estilo de vida para su población, esto como ya se nombró anteriormente por medio de la educación.

5. RECOMENDACIONES

- Se sugiere continuar con el enfoque en Colombia en una cuidad específica, se recomienda recurrir a empresas que hagan parte del sector secundario ya que es en el dónde se realizan los procesos de las materias primas al igual que el sector terciario por la importancia de los servicios y con esto, se puede lograr un mejor análisis acerca de la problemática de la inteligencia artificial como reemplazo en las labores.

- Realizar una comparación entre Colombia y los países que manejan un alto nivel en inteligencia artificial tales como; Estados Unidos, China, Rusia, Dubái, Suiza y Canadá ya que, de esta manera, se podrá establecer el impacto que ha tenido la IA en los países nombrados en temas como el desempleo, la educación, índices de calidad de vida y desarrollo económico.

- Comenzar una nueva investigación acerca de los términos inteligencia artificial (IA) y automatización, consiguiente a esto, realizar la comparación entre los términos, para que no se genere una confusión en la terminología y ambos conceptos queden claros para el lector.

- Identificar las nuevas posibles consecuencias que puede generar la inteligencia artificial tanto en Colombia como en países en vía de desarrollo de Asia y Europa tales como; Armenia, Azerbaiyán, Georgia, Serbia y Ucrania esto debido a que Colombia se encuentra en vía de desarrollo también, sin embargo, las consecuencias en todos los países son diferentes y es necesario establecer esto para tomar una perspectiva más amplia del tema.

- Analizar el tema en el siglo XXI, esto con el fin de evitar que se utilice información que no es relevante para la situación actual de la problemática ya que los antecedentes correspondientes se encuentran en el presente artículo, sin embargo, es recomendable que se evalúen otros autores y sus posturas frente al tema para obtener una visión mucho más amplia.

- Reconocer los riesgos tanto culturales, como políticos, sociales y económicos que trae consigo la inteligencia artificial para la población colombiana, ya que son estos son factores que se ven afectados o beneficiados.

- Asistir a conferencias y foros, que se relacionen con el tema, de esta manera se puede obtener un conocimiento más amplio y una mejor comprensión del mismo para esto se recomiendan algunas conferencias realizada por el Parlamento Andino, las TICS, el Ministerio de Educación, Universidad de La Salle, Universidad Nacional de Colombia, Pontifica Universidad Javeriana, Universidad del Rosario.

- Abordar a profundidad y específicamente las consecuencias de la llegada de la inteligencia artificial desde la perspectiva de los empresarios al igual que las consecuencias para los trabajadores.

REFERENCIAS BIBLIOGRÁFICAS

Benítez, R., Escudero, G., & Kanaan, S. (s.f.). exabyte informático. Recuperado el 24 de Agosto de 2019, de Inteligencia artificial avanzada: https://www.exabyteinformatica.com/uoc/Inteligencia_artificial/Inteligencia_artificial_avanzada/Inteligencia_artificial_avanzada_(Modulo_1).pdf

Bentue, J. M. (20 de diciembre de 2011). juandemarina.org. Recuperado el 15 de septiembre de 2019, de praxeología: https://www.juandemariana.org/ijm-actualidad/analisis-diario/praxeologia-definicion

Bérdard, R. (junio-diciembre de 2003). Los fundamentos del pensamiento y las Prácticas Administrativas. (3), 21. Recuperado el 23 de agosto de 2019

Bernal, J. A. (12 de junio de 2015). Instituto nacional de astrofísica óptica y electrónica. Recuperado el 9 de septiembre de 2019, de https://ccc.inaoep.mx/~jagonzalez/AI/Sesion1_Introduccion.pdf

Cardona, G. (24 de junio de 2019). elcolombiano.com. Recuperado el 10 de septiembre de 2019, de Inteligencia Artificial y Mercado Laboral: algo va a cambiar, es un hecho.: https://www.elcolombiano.com/blogs/lacajaregistradora/inteligencia-artificial-y-mercado-laboral-algo-va-a-cambiar-es-un-hecho/2760

Concepto definición. (17 de julio de 2010). Recuperado el 15 de septiembre de 2019, de Método Deductivo: https://conceptodefinicion.de/metodo-deductivo/

Corporación Internacional para el Desarrollo Educativo. (Julio-diciembre de 2011). MÉTODOS DE INVESTIGACIÓN CUALITATIVA. Silogismo más que conceptos, 34. Recuperado el 13 de septiembre de 2019, de http://www.cide.edu.co/doc/investigacion/3.%20metodos%20de%20investigacion.pdf

Corporación Universitaria Minuto de Dios. (2011). El enfoque praxeológico (primera ed.). Bogotá, Colombia. Recuperado el 14 de septiembre de 2019, de https://repository.uniminuto.edu/bitstream/handle/10656

/1446/Libro_El%20Enfoque%20Praxeologico.pdf?sequenc
e=3&isAllowed=y

Correa, S., Campos, H., Carvajal, A., & Rivas, K. (1 de junio de
2013). Cuantitativa. Recuperado el 7 de septiembre de
2019, de hilanasuskys.blogspot.:
http://hilanasuskys.blogspot.com/2013/06/investigacion-
cualitativa-tipo.html

Dinero. (13 de julio de 2019). Desempleo: el principal problema
económico de Colombia. 2. Recuperado el 9 de
septiembre de 2019, de
https://www.dinero.com/pais/articulo/que-pasa-con-el-
desempleo-en-colombia/273148

Economica, R. (2019). Colombia se adhiere al acuerdo de la
OCDE sobre Inteligencia Artificial. El Espectador.
Recuperado el 09 de 23 de 2019, de
https://www.elespectador.com/transformacion-
digital/colombia-se-adhiere-al-acuerdo-de-la-ocde-
sobre-inteligencia-artificial

Jiménez, H. . (2003). Debate Sobre El Desempleo En Colombia.
Tesis postgrado , ESCUELA SUPERIOR DE ADMINISTRACIÓN
PÚBLICA , ÁREA DE FRONTERAS Y RELACIONES
INTERNACIONALES , Bogotá. Recuperado el 21 de
septiembre de 2019, de
http://cdim.esap.edu.co/bancomedios/Documentos%2
0PDF/debate%20sobre%20el%20desempleo%20en%20col
ombia%20-
%20bogota%202003%20(136%20p%C3%A1g%20-
%20573%20kb).pdf

Laboral, a.d. (15 de marzo de 2019). Ail.ens.org.co. Recuperado
el 20 de septiembre de 2019, de el futuro del trabajo :
http://ail.ens.org.co/informe-especial/el-futuro-del-
trabajo-en-colombia-realidades-y-
desafios/?fbclid=IwAR1bOvhR08muhh-
OH8QYf6bXlm0szY2fKBK7cOp_s6juR

López, A. (2011). Política fiscal y estrategia como factor de
desarrollo de la mediana empresa comercial sinaloense.
Un estudio de caso. Tesis doctoral, Culiacán.
Recuperado el 14 de septiembre de 2019, de
http://www.eumed.net/tesis-
doctorales/2012/eal/metodologia_cualitativa.html

Larrota, S. V. (17 de septiembre de 2018). En 2022 desaparecerían 75 millones de empleos por la llegada de robots. RCN radio. Recuperado el 27 de agosto de 2019 Universal, E. (27 de agosto de 2019 |).

Maya, E. (2014). Métodos y técnicas de investigación. México. Recuperado el 15 de septiembre de 2019, de https://arquitectura.unam.mx/uploads/8/1/1/0/8110907/ metodos_y_tecnicas.pdf

Monje, C. (2011). METODOLOGÌA DE LA INVESTIGACIÒN CUANTITATIVA Y CUALITATIVA. Guía didáctica, Universidad Surcolombiana, Huila, Neiva. Recuperado el 25 de agosto de 2019

Montalvo, j. f. (20 de febrero de 2015). actualidad.rt.com. Recuperado el 20 de septiembre de 2019, de La inteligencia artificial causará pronto un desempleo masivo: https://actualidad.rt.com/actualidad/263702- inteligencia-artificial-provocara-gran-desempleo

Morales, O. A. (s.f.). FUNDAMENTOS DE LA INVESTIGACIÒN DOCUMENTAL Y LA MONOGRAFÌA. Departamento de Investigación. Recuperado el 16 de septiembre de 2019, de http://webdelprofesor.ula.ve/odontologia/oscarula/publ icaciones/articulo18.pdf

Neffa, J. C. (2014). Actividad, empleo y (trahtemberg, 2017). Recuperado el 9 de Septiembre de 2019, de "http://biblioteca.clacso.edu.ar/Argentina/ceil- conicet/20171027042035/pdf_461.pdf"

Sala, P. (8 de Julio de 2019). Las empresas de Colombia utilizan Inteligencia Artificial. Recuperado el 23 de 09 de 2019, de Sala de Prensa: http://saladeprensa.une.com.co/index.php/teline-v- videos/74-boletines-tigoune/2035-el-1-8-de-las-empresas- en-colombia-utiliza-inteligencia-artificial

Santos, D. A. (19 de septiembre de 2018). La republica.co. Recuperado el 8 de 10 de 2019, de Robots: ¿empleo o desempleo?: https://www.larepublica.co/analisis/diego- a-santos-533956/robots-empleo-o-desempleo-2772391

Socorro, F., Reyes, G., & Trujillo, R. (28 de enero de 2019). Revista Espacios. Vol. 40, Año 2019, Número 3, Pág. 12 Recuperado el 20 de agosto de 2019,

de http://www.revistaespacios.com/a19v40n03/1940031
2.html

Sosa, . D. (agosto de 2007). Inteligencia artificial enla gestión
financiera empresarial. Revista cientifica Universidad del
Norte , 34.

Portafolio. (2019). Desempleo en Colombia sigue en aumento.
Recuperado el 9 de Septiembre de 2019, de
https://www.portafolio.co/economia/desempleo-en-
colombia-en-mayo-de-2019-531082

Pugliese, E. (2000). Política y Sociedad. Madrid. Recuperado el 9
de septiembre de 2019, de https://revistas.ucm.es ›
index.php › POSO › article › viewFile

República, B. d. (s.f.). banrep.gov.co. Recuperado el 08 de
septiembre de 2019, de ¿qué es el desempleo ?:
http://www.banrep.gov.co/es/contenidos/page/qu-
desempleo

Robles, F. (s.f.). lifeder.com. Recuperado el 15 de septiembre de
2019, de Método Inductivo y Deductivo: Características
y Diferencias: https://www.lifeder.com/metodo-
inductivo-deductivo/

Rodríguez, Ruiz, J. I. (2012). Metodología de la investigación (Vol.
XV). (U. d. Deusto, Ed.) Recuperado el 15 de septiembre
de 2019 Velasco., J. A. (23 de agosto de 2011).
Inteligencia Artificial y conciencia. Recuperado el 9 de
septiembre de 2019, de UAH:
http://www3.uah.es/benito_fraile/ponencias/inteligencia
-artificial.pdf

Rodríguez, L. C. (s.f.). El método deductivo de investigación (Vol.
70). Recuperado el 15 de 09 de 2019, de El método
deductivo de investigación: https://www.lizardo-
carvajal.com/libro/metodologia-de-la-investigacion/

Ruiz, R. (2007). Método científico y sus etapas. México,
Recuperado el 25 de septiembre de 2019, de
http://www.index-
f.com/lascasas/documentos/lc0256.pdf.

Trahtemberg, I. (23 de julio de 2017). trahtemberg.com.

Recuperado el 20 de septiembre de 2019, de

Inteligencia artificial y desempleo:

http://www.trahtemberg.com/articulos/2996-inteligencia-artificial-y-desempleo-.html?fbclid=IwAR3SKw_uccS2kvOlvpD7RLbU321TyzPQedzBv0Y05h1o784UeZWS0XJYh

Universal, E. (27 de agosto de 2019 |). Automatización y desempleo. 2. Recuperado el 27 de agosto de 2019, de https://www.eluniversal.com.co/opinion/editorial/automatizacion-y-desempleo-11773-EWEU351894

HONG KONG, UNA FUERZA NACIONALISTA CON PROPÓSITOS DE INDEPENDENCIA

Hong Kong, a nationalist force with independence purposes

PEÑA, Santiago, J. [7]

DIMATE, Jhoan, N.[8]

OJEDA, María, S.[9]

Resumen

El presente artículo tiene como objetivo hacer un estudio acerca de los acontecimientos actuales en Hong Kong contra el gobierno chino, por tal motivo se realizó una investigación mediante recolección de datos con el fin de poder inferir un posible futuro para Hong Kong. En consecuencia, se encontró que las protestas tuvieron un comienzo con la ley de extradición impuesta, sin embargo, las controversias han ido más allá, generando un impulso por parte de los ciudadanos para una independencia.

Palabras clave: HONG KONG, NACIONALISTAS, INDEPENDENCIA

---

[7] Estudiante, de III semestre de Negocios y Relaciones Internacionales. Facultad de ciencias económicas y sociales. Investigador en semillero de Identidades y construcción de ciudadanías. Universidad de La Salle. Bogotá, Colombia. Emails: spena79@unisalle.edu.co / santiagopp292@gmail.com

[8] Estudiante, de III semestre de Negocios y Relaciones Internacionales. Facultad de ciencias económicas y sociales. Universidad de La Salle. Bogotá, Colombia. Emails: jdimate84@unisalle.edu.co / nicolaskg14@gmail.com

[9] Estudiante, de III semestre de Negocios y Relaciones Internacionales. Facultad de ciencias económicas y sociales. Investigadora semillero Se-Koiné. Universidad de La Salle. Bogotá, Colombia. Emails: mojeda27@unisalle.edu.co / sofiaveira94@gmail.com

Abstract

This article aims to make a study on the current events in Hong Kong against the Chinese government, for this reason an investigation was carried out through data collection to infer a possible future for Hong Kong. Consequently, it was discovered that the protests had a beginning with the extradition law imposed, however, the controversies have gone further, generating a boost on the part of the citizens for an independence.

Key words: HONG KONG, NATIONALIST, INDEPENDENCE

1. INTRODUCCIÓN

Actualmente, se presenta una gran disputa al interior de Hong Kong surgida por la ley de extradición en China. Según BBC NEWS (2019), dicho conflicto en principio ha sido desarrollado de manera pacífica por parte de los ciudadanos, más sin embargo, en el periodo estudiado este suceso conllevó a un enfrentamiento bilateral entre autoridades y ciudadanos, las cuales ocasionaron tensiones entre los dos países en cuestión. En el presente artículo se hizo un seguimiento a los acontecimientos para poder desarrollar un estudio a mayor profundidad acerca de la situación en el oriente de Asia.

Hong Kong tiene una historia particular que no muchos conocen y he aquí donde llega a generarse cierto interés sobre dicho territorio. Durante las Guerras de Opio (1839-1842) entre Gran Bretaña y China, en donde todo empezó con un dilema tal como aclara National Army Museum (s.f), haciendo referencias que en "el comercio de los productos chinos como té, sedas y porcelana fue extremadamente lucrativo para los comerciantes británicos.

El problema era que los chinos no comprarían productos británicos a cambio" (p.1). Llevando esto a una pérdida económica enorme por los británicos, resultando en una guerra. Dicha guerra culminó el 17 de agosto de 1842 con el Tratado de Nanking, donde Hong Kong fue cedido a Gran Bretaña como una colonia por 99 años.

Tomando como referencia a Vox (2018), durante estos 99 años la economía de Hong Kong incrementó de manera exponencial colocándolo como una de las ciudades más importantes a nivel global. Con la influencia de Gran Bretaña muchas costumbres fueron fácilmente acogidas por los inmigrantes chinos que hacían parte de la población; como fue la democracia, el sistema legislativo, el idioma y lentamente una identidad completamente diferente a la de la República Popular de China. El año 1997 fue la fecha de vencimiento de la colonia Británica y debió ser devuelta a las manos de China, donde los británicos accedieron a la colonia bajo la condición de «un país, dos sistemas». Según el Joint Declaration of the Government of the United Kingdom of Great Britain and Northern Ireland and the Government of the People's Republic of China on the Question of Hong Kong (1987), deja definido que:

> Los sistemas sociales y económicos actuales en Hong Kong permanecerán sin cambios, al igual que el estilo de vida. Se garantizarán los derechos y libertades, incluidos los de la persona, del habla, de la prensa, de la asamblea, de la asociación, de los viajes, del movimiento, de la correspondencia, de la huelga, de la elección de la ocupación, de la investigación académica y de las creencias

75

> religiosas. Por ley en la Región Administrativa Especial de Hong Kong. La propiedad privada, la propiedad de empresas, el derecho legítimo de herencia y la inversión extranjera estarán protegidos por la ley. (Joint Declaration, 1987, p. 425)

Se puedo observar que Hong Kong se ha apartado de la cultura y de las costumbres de China, tal como lo menciona Dinicci (2019), esclareciendo que:

> Los jóvenes de Hong Kong parecen haber decidido abrazar la cultura británica desde que el Reino Unido devolvió a China su provincia especial y parece también que ignoran la historia de su país y lo que le deben a la República Popular China. (Dinicci, 2019, p.12)

Complementando lo expuesto anteriormente, la BBC (2019) menciona que" la líder de Hong Kong, Carrie Lam, retirará el controvertido proyecto de ley de extradición que provocó las protestas que llevan más de dos meses teniendo lugar en el territorio" (p.2).

Según la BBC NEWS (2019), se enfatiza que "muchas personas en aquel país están en desacuerdo en contra de esta ley promovida por el gobierno, la cual permitiría la extradición de personas a la China continental para afrontar cargos allí" (p.4).

Las críticas realizadas a esta ley afirman que el sistema legal chino no garantizaría los mismos derechos que en Hong Kong, una región semiautónoma como se ha mencionado anteriormente. Teniendo en cuenta esta posición política, los ciudadanos afirman que podría acabar con la autonomía que tienen gracias al principio otorgado por la colonia británica de «un país, dos sistemas» acuerdo mencionado anteriormente y el cual le permitió hasta el momento un sistema político propio, así como múltiples partidos políticos y una diversidad de derechos, en los que incluyen la libertad de expresión.

Según el periódico EL PERFIL (2019), se explica que:

> (...) los manifestantes en Hong Kong llevan adelante desde este lunes 5 de agosto un paro general marcado por el bloqueo en el transporte público, rutas y los vuelos internacionales que generó un gran caos en el país. Como respuesta, la policía comenzó a lanzar gases lacrimógenos para dispersar a los activistas. (EL PERFIL, 2019, p.9)

Además de esto, en respuesta a dichos sucesos, varias fuentes digitales, entre estos el BBC NEWS (2019), aseguran que las plataformas de Facebook y Twitter bloquearon alrededor de unas 930 cuentas que formaban parte de una campaña respaldada por el gobierno de China con el fin de deslegitimar las protestas en Hong Kong.

Teniendo en cuenta la problemática que se vive actualmente en Hong Kong y el contexto histórico de diferentes sucesos similares que involucran a China, surgió la siguiente duda, ¿Qué intereses mantiene Estados Unidos que hace que dicho país apoye el propósito de independencia de Hong Kong?; pues países como Estados Unidos podrían llegar a generar una intervención en favor de los ideales llevadas a cabo por las protestas de los Hongkoneses conforme a promover sus ideales de una democracia total, y adicionalmente, se pudo inferir que en caso de que obtengan apoyo de dicho país y los Hongkoneses lograsen una independencia con la República Popular China, no sólo debilitarían uno de sus más grandes contrapartes a nivel mundial, sino que lograrían tener un aliado estratégico en el continente asiático que le permitirían el incremento de sus influencias y acciones diplomáticas a nivel mundial. Sin embargo, el incremento de las tensiones entre estos dos países potencia podría resultar en una problemática de suma gravedad teniendo en cuenta que ya existen tensiones como resultado de la actual guerra comercial que se disputa entre estos dos países. Se tuvo como objetivo realizar un estudio a fondo, por medio de una recopilación de información correspondiente a la problemática y además se analizó los beneficios que obtiene Hong Kong con la ayuda de Estados Unidos en su camino hacia la independencia.

Teniendo en cuenta lo expuesto anteriormente, se intuyó que el futuro de China podría ser incierto, ya que, por su parte, es poco probable que permita la independencia de Hong Kong dado al interés económico y su situación geográfica con el fin de expandir su comercio. Sin embargo, por otro lado se encuentran los habitantes de Hong Kong qué no se identifican con la República Popular de China, por ende, quieren su independencia, su soberanía y su pueblo.

2. METODOLOGÍA

Teniendo en cuenta la problemática, investigación realizada tuvo un enfoque cualitativo.

Para la Universidad de Jaén (s.f.), una investigación cualitativa es "el estudio de la gente a partir de lo que dicen y hacen las personas en el escenario social y cultural" (p.1). O como lo menciona Martínez (2011), donde explica que:

> Los tipos de investigación que se sustentan en el paradigma interpretativo son: las investigaciones cualitativas interpretativas, es decir las que no buscan explicaciones sino interpretaciones. Debido a estos tipos de investigaciones basados en los dos paradigmas principales, la investigación cualitativa sólo queda bien identificada si se dice «investigación cualitativa interpretativa» o «investigación cualitativa explicativa». (Martínez, 2011, p. 1)

Adicional a esto, Sandoval (2002), mencionó que "la legitimación del conocimiento desarrollado mediante alternativas de investigación cualitativa se realiza por la vía de la construcción de consensos fundamentados en el diálogo y la intersubjetividad". (p.15)

Finalmente, en complemento de dicha teoría, Vera (2008), explicó que la investigación cualitativa:

> (…) es aquella donde se estudia la calidad de las actividades, relaciones, asuntos, medios, materiales o instrumentos en una determinada situación o problema. La misma procura por lograr una descripción holística, esto es, que intenta analizar exhaustivamente, con sumo detalle, un asunto o actividad en particular. (Vera,2008 p.4)

Teniendo en cuenta el concepto de la investigación cualitativa, cabe destacar que investigación tuvo una orientación de tipo documental, es decir, como lo mencionó Gómez (2011), la investigación documental "intenta leer y otorgar sentido a unos documentos que fueron escritos con una intención distinta a esta dentro de la cual se intenta comprenderlos. Procura sistematizar y dar a conocer un conocimiento producido con anterioridad al que se intenta construir ahora." (p.230).

Además de lo dicho anteriormente, Martínez (s.f.), esclareció que "la investigación documental es un tipo de estudio de interrogantes que emplea documentos oficiales y personales como fuente de información; dichos documentos pueden ser de diversos tipos: impresos, electrónicos o gráficos"(p.2), concordando con lo mencionado por Baena (1985), citado por Martínez (s.f.), donde la investigación documental es "una técnica que consiste en la selección y recopilación de información por medio de la lectura y crítica de documentos y materiales bibliográficos, de bibliotecas, hemerotecas, centros de documentación e información"(p.2).

Por su parte, la Universidad de Jaén (2014), tecnificó el concepto de investigación documental mencionando que:

> La investigación documental depende fundamentalmente de la información que se recoge o consulta en documentos, entendiéndose este término, en sentido amplio, como todo material de índole permanente, es decir, al que se puede acudir como fuente o referencia en cualquier momento o lugar, sin que se altere su naturaleza o sentido, para que aporte información o rinda cuentas de una realidad o acontecimiento. (Universidad de Jaén, 2014, p.1)

Adicionalmente, en la investigación se utilizó el razonamiento deductivo, lo cual significa que parte de un inicio hipotético basado en la teoría expuesta y continúa con la recolección y procesamiento de los datos.

Estos a su vez sirven para el desarrollo de variables y la interpretación en función de validar la hipótesis y demás modelos teóricos expuestos por el investigador, coincidiendo perfectamente con lo mencionado por Monje (2011). En complemento, Carvajal (s.f.), expuso que:

> En la Ciencia contemporánea se emplea el método deductivo de investigación en la formulación o enunciación de sistemas de axiomas o conjunto de tesis de partida en una determinada Teoría. Ese conjunto de axiomas es utilizado para deducir conclusiones a través del empleo metódico de las reglas de la Lógica. (Carvajal, s.f, p.4)

Acorde con las teorías anteriores, para Chung (2008), la metodología deductiva es "aquél que parte los datos generales aceptados como valederos, para deducir por medio del razonamiento lógico, estadístico varias suposiciones" (p.1). Al mismo tiempo, Arredondo (2014), mencionó que "la deducción es una conclusión a la que se llega gracias a la puesta en práctica del razonamiento, la cual partirá de conceptos generales o principios universales para llegar a conclusiones particulares" (p.2).

Por último, basándose en la información recolectada, el enfoque de la investigación fue axiológica, ya que parte de los valores morales y culturales presentes en la problemática expuesta anteriormente. En este caso, Socorro (2018), explicó que:

> La ética se interesa en los principios generales de la conducta humana y tiene por objeto la teoría de la acción moral, individual y colectiva. Por su parte, la moral trata sobre las costumbres, los hábitos y las reglas de conducta admitidas y practicadas en una sociedad. En un sentido estricto, la moral se entiende como un conjunto de reglas que se imponen a la conducta de cada hombre en la sociedad donde vive y en su vida privada. (Socorro, 2018, p. 14)

En segundo lugar, agregando a la teoría del enfoque axiológico, Chacón (2014), expresa que dicho enfoque es "una forma de presentar la integración que con una visión interdisciplinaria, se ha elaborado de forma gradual y progresiva, a partir de las sucesivas aproximaciones a los conocimientos de la ética, en su condición de ser una ciencia filosófica sobre la moral" (p.14), lo cual, concuerda con lo que esclareció Beranger (2015), en su artículo, donde dice que en "el capital axiológico (...) las actividades de las personas no deberían estar exentas de valores éticos" (p.1).

Por tanto, en complemento de la teoría axiológica, Lanosa (2015), lo abordó como un "proceso estandarizado mediante el cual el profesional pone bajo análisis la importancia y la puesta en acto de los valores del consultante, a fin de acompañarlo en la construcción de un proyecto de vida auténtico y significativo" (p.122).

Por último, León (s.f.), explicó que "la axiología es la parte de la filosofía que estudia los valores, con el objeto de formular una teoría que permita explicar la existencia y la vigencia de todo el mundo de producción humana que tiene importancia definitiva para la vida del hombre y su desarrollo histórico social" (p.1).

3. RESULTADOS

Durante este trabajo se hizo una recopilación de información de varias cadenas de noticias las cuales ayudaron a entender lo que ha ido sucediendo en Hong Kong. En las primeras estancias del trabajo se propuso estudiar las relaciones de E.E.U.U con las protestas y cómo esto afectaría las relaciones de China en una guerra comercial.

En un comienzo las protestas nacieron de un rumor en el cual Estados Unidos estuvo detrás de estas con el fin de hallar un punto débil de su enemigo, esto se pudo observar con lo declarado por parte de la vocera del Ministerio de Relaciones Exteriores de China, Hua Chunying en Julio, como demuestra Bloomberg (2019), donde aclaró que "China aseguró que la violencia reciente en las protestas de Hong Kong fue «una creación de Estados Unidos», culpando directamente a Washington en una disputa sobre los disturbios que se intensifica." (p.1).

Con lo anterior aclarado, el objetivo de este artículo además de buscar los intereses de E.E.U.U fue hacer un seguimiento de las protestas de Hong Kong mediante la recopilación de datos que permitan comprender qué sucedió realmente, por ello se tomaron los datos de *South China Morning Post* (2019), para demostrar lo que se llevó a cabo los 100 días de protestas. Todos los datos que se mencionan a continuación lograron dar una mejor comprensión de lo que sucedió; primero 2414 rondas de gases lacrimógenos fueron disparados por la policía a los manifestantes además 503 balas de goma disparadas y 237 granadas de esponja lanzadas. Por parte de los manifestantes más de 100 bombas de gasolina lanzadas, lo que demuestra que las manifestaciones por ambos mandos no han sido pacíficas.

Siguiendo con los datos de *South China Morning Post* (2019), durante estos 100 días, más de 1453 manifestantes fueron arrestados, y además de esto, el uso de gases lacrimógenos los cuales fueron disparados a 13 de los 18 distritos de Hong Kong. Hay que mencionar además los disturbios causados a la ciudad, casi la mitad de las 91 estaciones MTR de Hong Kong han sido vandalizadas y 851,000 pasajeros usaron menos el aeropuerto en agosto, el mayor descenso en una década.

Después de tanta conmoción, como espectador se entendió que dichos sucesos tuvieron que haber tenido una solución, y se podría decir que en parte sí. De acuerdo con Infobae (2019), la ley de extradición que empezó todos estos disturbios fue retirada y desde un punto de vista es muy positivo porque demuestra que lo que ha hecho el pueblo de Hong Kong ha valido la pena, ¿pero entonces por qué siguen las protestas?

Durante las manifestaciones las metas del pueblo de Hong Kong cambiaron, y ahora pelean por algo conocido como las «5 demandas». De acuerdo con elDiaro.es (2019), son las siguientes: "Retirar completamente el proyecto de ley de extradición; retirar el calificativo de «Revuelta» a la protesta del 12 de junio; investigar la actuación policial en las protestas; libertad incondicional para los manifestantes detenidos y puesta en marcha del sufragio universal en Hong Kong". (p.3)

Teniendo en cuenta lo anterior, surge la pregunta ¿Qué hizo qué los protestantes se hallan dirigido hacia el Gobierno de E.E.U.U? Según Salamanca (2019), expuso que durante las protestas del fin de semana anteriormente mencionado "los manifestantes gritaron «Aprueben el Acta», en referencia al Acta de Derechos Humanos y Democracia de Hong Kong, recientemente propuesta por algunos legisladores estadounidenses" (p.3). Esta acta hace referencia a lo demostrado por Salamanca (2019), donde declara que:

> (…) de una eventual normativa que le exigiría a Washington que certifique de forma anual si Hong Kong sigue siendo autónoma del resto de China continental. En caso de que no fuera así, la ciudad perdería algunos privilegios comerciales con Estados Unidos de los que no disfruta el gigante asiático. El acta también propone la posibilidad de prohibir la entrada y congelar los activos, en territorio estadounidense, de quienes sustenten cargos gubernamentales en Hong Kong y apoyen la represión de la democracia, los derechos humanos o las libertades de los ciudadanos (Salamanca, 2019, p.4).

Continuando con lo anterior es evidente esta dirección de los protestantes ya como lo demuestra Salamanca (2019), citando "«los hongkoneses no tenemos armas. No tenemos formas de derrotar (al Partido Comunista de China) sin recibir apoyo de una gran potencia como Estados Unidos», explicó a Efe este trabajador del sector educativo de 30 años." (p.3). Por ello durante este suceso se vio una gran pancarta que decía «presidente Trump, por favor libere a Hong Kong». Hong Kong en si no se detendrá hasta obtener su independencia, pero ¿qué tan lejos podrán llegar? ¿Hasta qué punto esperara China para empezar una guerra? O ¿no habrá guerra? Citando nuevamente a Morley (2019), afirmó que:

> Pensar que Donald Trump y Wall Street tienen las respuestas a estos problemas es una locura. Si Hong Kong de alguna manera ganara la autonomía de China sobre una base capitalista (lo que no sucederá), el imperialismo estadounidense no hará nada para abordar las injusticias clamorosas infligidas a los trabajadores de Hong Kong cada día. (Morley, 2019, p.5)

En sí, se puede resumir estas protestas como el momento en donde un pueblo que carece de poder, contiene tantos problemas, una historia complicada, una cultura diferente al resto y una brecha alta entre sus clases sociales llega a su punto y estalla para crear cambios significativos. Pero como algunos también estar en acuerdo que es muy difícil llegar a una independencia absoluta de China, y que ahora E.E.U.U está involucrado completamente no se puede definir exactamente lo que sucederá con el pueblo de Hong Kong, sólo podemos aferrarnos a esa esperanza que tienen los luchadores de defender su identidad y hacer valer sus derechos como miembros de una posible futura nación independiente.

Finalmente teniendo en cuenta las fuentes citadas y contraste entre las mismas durante el proceso de investigación, se puede encontrar que dicha información apoyó la teoría de que Estados Unidos pudo tener intereses «geográfico-estratégico» detrás de la independencia de Hong Kong más sin embargo se podría decir que no mantiene interés de cooperación de manera directa con el pueblo.

4. CONCLUSIONES

Luego de analizar todo lo acontecido, en respuesta a la pregunta problema: ¿Qué intereses mantiene Estados Unidos que hace que dicho país apoye el propósito de independencia de Hong Kong? pues, ante todo se pudo inferir que China cree que los E.E.U.U está detrás de estas manifestaciones, pero luego de una investigación detallada se pudo llegar a una conclusión diferente gracias a lo sucedido el fin de semana del 7 al 8 de septiembre.

Durante este fin de semana los protestantes se dirigieron al consulado a pedirle ayuda a Trump. En donde Morley (2019), destacó que "la marcha fue al consulado de los Estados Unidos en Hong Kong y estuvo cubierta de banderas estadounidenses. Algunos posaron fuera del consulado envueltos en las banderas de los países del G7, rogando por su asistencia «humanitaria»". (p.1).

Si E.E.U.U realmente estuviera detrás de estas protestas, ¿por qué ir a pedirle ayuda? Además de este acontecimiento la misma fuente de Morley (2019), afirma que "Trump no es amigo de las masas de Hong Kong; de hecho, ya ha calificado las protestas como disturbios." (p.4). Con estas afirmaciones podemos decir que E.E.U.U efectivamente no empezó los disturbios pero que el pueblo de Hong Kong quiere que intervenga. Complementando Salgado (2019), ha aclarado que

"Lo que comenzó como una manifestación pacífica en contra de un proyecto de reforma de ley ha mutado y se ha convertido en un símbolo de la defensa de la democracia y de la Ley Básica de Hong Kong, es decir, su Constitución" (p.2), por ende, se logró deducir que la hipótesis realizada en la presente investigación tiene inclinación a ser correcta, sin embargo, cabe resaltar que aun el conflicto mencionado siguió sin tregua, por lo que el futuro de Hong Kong y lo que pueda suceder con china llega a ser ambiguo.

Como antes mencionado, el objetivo de este artículo fue realizar un seguimiento de los sucesos actuales que enfrenta Hong Kong con China con el fin de no solo comprender a profundidad el problema sino además ver posibles soluciones a este enfrentamiento. Con los datos presentados anteriormente se pudo inferir que las protestas han salido de las manos de los ambos bandos, y no hay evidencia que el pueblo de Hong Kong rinda sin conseguir lo que han propuesto.

Aun después de la retirada de la ley de extradición las protestas cada día fueron aumentando y el camino de obtener la independencia se acerca cada vez. Concordando con lo publicado por Infobae (2019), los últimos días, donde menciona que ya se cumplen 100 días de dichas protestas, y donde se manifiesta que "el gobierno local ya retiró el proyecto de ley que impulsó las manifestaciones, pero los activistas no ceden en sus nuevos reclamos en favor de la democracia y autonomía con respecto al régimen chino, que amenaza con elevar la violencia de la represión" (p.1). Adicional a esto, Infobae (2019), dejó en evidencia la agravación de las controversias entre los bandos, mencionando que:

> (...) mientras recrudecían los enfrentamientos con la policía y con facciones violentas de enmascarados, las amenazas del gobierno chino se hacían más concretas. «Quien juega con fuego, muere quemado», advertía el gobierno de Xi Jinping, que comenzaba a desplegar tropas y vehículos antimotines en la región. La presión internacional busca evitar escenarios similares a los de la Plaza de Tiananmen, un panorama también temido por China, ya que en 1989 le valió fuertes represalias diplomáticas y económicas. (Infobae, 2019, p.2)

Teniendo en cuenta lo mencionado anteriormente, se pudo llegar a inferir que Hong Kong cada día se acerca más a lograr una independencia. Sin embargo, dicha situación afecta sumamente a China, ya que la presión internacional no le permite realizar algún tipo de intervención de manera más radical, que le ayude en la finalización de dicho problema, y además, la posible influencia de países extranjeros en Hong Kong terminarían por lograr un debilitamiento de China, ya que en caso de lograr una independencia, no solo le sería arrebatado una de las ciudades con mayor influencia económica del país, sino que tendría un país posiblemente aliado directo de otros países potencia como lo son los Estados Unidos en una situación estratégica sumamente beneficiosa para dicho país, y teniendo en cuenta las recientes controversias que se han presentado entre estos dos países, como lo es la disputa comercial. Por lo tanto, se puede concluir que lo más viable para China en estos momentos es prolongar dicho conflicto hasta conseguir algún tipo de negociación que le permita al país seguir teniendo a Hong Kong dentro de éste.

5. RECOMENDACIONES

1. Orientar la investigación a un enfoque más amplio de lo que sugiere el título, ya que la temática del artículo tiene más material para trabajar.

2. Estudiar y analizar noticias recientes acerca de la problemática.

3. Recolectar información de manera más directa como los puntos de vistas de los mismos protestantes.

4. Hacer un estudio detallado acerca de los esfuerzos de los representantes de Hong Kong en estos disturbios.

5. Observar la problemática desde la perspectiva de la República de China.

REFERENCIAS BIBLIOGRÁFICAS

Arrendondo, R. (2014). Slideplayer. Recuperado el 17 de Septiembre de 2019, de Método deductivo e inductivo: https://slideplayer.es/slide/1125252/

BBC NEWS. (17 de agosto de 2019). *BBC*. Recuperado el 19 de agosto de 2019, de Protestas en Hong Kong: cómo se difunden en China continental las crecientes manifestaciones en la región: https://www.bbc.com/mundo/noticias-internacional-49376240

BBC News Mundo. (19 de agosto de 2019). *BBC*. Recuperado el 20 de agosto de 2019, de Protestas en Hong Kong: ¿cuán importante es aún la ciudad para la economía de China?: https://www.bbc.com/mundo/noticias-internacional-49391895

Beranger, J. A. (Julio de 2015). El enfoque axiológico de la Defensa. *ACADEMO*. Recuperado el 17 de Septiembre de 2019, de file:///C:/Users/Janet/Downloads/Dialnet-ElEnfoqueAxiologicoDeLaDefensa-5763006.pdf

Bérdad R. (2003). *Los fundamentos del Pensamiento y las prácticas administrativas*. Medellín: Universidad EAFIT

Carvajal, L. (s.f.). *Lizardo Carvajal R*. Recuperado el 16 de Septiembre de 2019, de El método deductivo de la investigación: https://www.lizardo-carvajal.com/libro/metodologia-de-la-investigacion/

Casilimas, C. S. (Diciembre de 2002). Investigación cualitativa. *Programa de Especialización en Teoría, Métodos y Técnicas de Investigación social*. Recuperado el 15 de Septiembre de 2019, de https://panel.inkuba.com/sites/2/archivos/manual%20colombia%20cualitativo.pdf

Chacón, N. L. (2014). El enfoque ético, axiológico y humanista aplicado. *VARONA*, 14-22. Recuperado el 17 de Septiembre de 2019

Chung, C. (19 de abril de 2008). Blogspot. Recuperado el 17 de Septiembre de 2019, de Enfoques Cuantitativo-Deductivo y Cualitativo-Inductivo: http://carloschungr.blogspot.com/2008/04/enfoques-cuantitativo-deductivo-y.html

Dinicci, M (19 de septiembre de 2019). Voltairnet.org, recuperado de: https://www.voltairenet.org/article207677.html

EL DIARIO. (8 de septiembre de 2019). *eldiario.es*. Recuperado el 23 de septiembre de 2019, de Las cinco demandas de la discordia en Hong Kong: https://www.eldiario.es/politica/demandas-discordia-Hong-Kong_0_929507220.html

El PERFIL. (2019). *PERFIL*. Recuperado el 20 de 8 de 2019, de Hong Kong escala el conflicto con China: llamaron a un paro general y hubo disturbios: https://www.perfil.com/noticias/internacional/hong-kong-escala-conflicto-con-china-llamaron-a-paro-general-hubo-disturbios.phtml

el perfil. (2019). *el perfil*. Recuperado el 23 de septiembre de 2019, de China culpa a EE.UU. por violencia en protestas de Hong Kong: https://www.perfil.com/noticias/bloomberg/bc-china-culpa-a-eeuu-por-violencia-en-protestas-de-hong-kong.phtml

Gómez, L. (Marzo 2019). Revista Vanguardia Psicológica. Recuperando el 9 de septiembre de 2019. *Un espacio para la investigación documental*: file:///C:/Users/Janet/Downloads/Dialnet-Un EspacioParaLaInvestigacionDocumental-4815129%20(2).pdf

HISPANTV. (2019). HISPANTV. Recuperado el 26 de agosto de 2019, China acusa a EEUU de interferir en asunto de Hong Kong: https://www.hispantv.com/noticias/china/435384/hong-kong-protestas-aeropuerto-eeuu

INFOBAE. (16 de SEPTIEMBRE de 2019). *INFOBAE*. Recuperado el 23 de SEPTIEMBRE de 2019, de Las multitudinarias protestas en Hong Kong cumplen 100 días: https://www.infobae.com/america/mundo/2019/09/16/las-multitudinarias-protestas-en-hong-kong-cumplen-100-dias/

Joint Declaration of the Government of the United Kingdom of Great Britain and Northern Ireland and the Government of the People's Republic of China on the Question of Hong Kong with Annexes, 5 Int'l Tax & Bus. Law. 424 (1987).

Lanosa, H. (Mayo de 2015). EL ANÁLISIS AXIOLÓGICO COMO PROCESO. *European Scientific Journa, II.* Recuperado el 17 de Septiembre de 2019, de file:///C:/Users/Janet/Downloads/5586-16232-1-PB.pdf

Lee, D. (19 de agosto de 2019). *BBC.* Recuperado el 20 de agosto de 2019, de Protestas en Hong Kong: Twitter y Facebook bloquean cuentas "respaldadas por el gobierno" de China por desinformar sobre las manifestaciones: https://www.bbc.com/mundo/noticias-internacional-49402739

León, C. (s.f.). *monografías.* Recuperado el 17 de Septiembre de 2019, de Aspecto axiológico de la investigación: https://www.monografias.com/trabajos75/aspecto-axiologico-investigacion/aspecto-axiologico-investigacion2.shtml

Martínez, C. (s.f.). *lifeder.com.* Recuperado el 16 de Septiembre de 2019, de Investigación Documental: Características Principales: https://www.lifeder.com/investigacion-documental/

Monje, C. (2011). Universidad Surcolombiana. Recuperado el 27 de agosto de 2019, Metodología de la investigación cualitativa y cuantitativa: https://www.uv.mx/rmipe/files/2017/02/Guia-didactica-metodologia-de-la-investigacion.pdf

Morley, D. (16 de septiembre de 2019). *marxism.* Recuperado el 23 de septiembre de 2019, de Estados Unidos no es amigo de Hong Kong: https://www.marxist.com/estados-unidos-no-es-amigo-de-hong-kong.htm

National Army Museum. (s.f.). *National Army Museum*. Recuperado el 20 de agosto de 2019, de La guerra del opio: https://www.nam.ac.uk/explore/opium-war-1839-1842

ROBLES, P., LONG, D., & WONG, D. (17 de SEPTIEMBRE de 2019). *SOUTH CHINA MORNING POST*. Recuperado el 23 de SEPTIEMBRE de 2019, de 100 days of protests rock Hong Kong: https://multimedia.scmp.com/infographics/news/hong-kong/article/3027462/hong-kong-100-days-of-protests/index.html

Rodríguez, J. M. (Diciembre de 2011). MÉTODOS DE INVESTIGACIÓN CUALITATIVA. *Revista de la* Corporación Internacional para el Desarrollo Educativo. Recuperado el 16 de septiembre de 2019, de http://www.cide.edu.co/doc/investigacion/3.%20metodos%20de%20investigacion.pdf

Salamanca, Y. A. (8 de septiembre de 2019). *France 24*. Recuperado el 23 de septiembre de 2019, de Manifestantes de Hong Kong piden ayuda a Estados Unidos: https://www.france24.com/es/20190908-manifestantes-hong-kong-piden-ayuda-estados-unidos-protestas

Universidad de Jaén (s.f) U Jaén. Recuperado el 27 de agosto de 2019, La investigación cualitativa: http://www.ujaen.es/investiga/tics_tfg/enfo_cuali.html

Universidad de Jaén. (2014). *Universidad de Jaén*. Recuperado el 16 de Septiembre de 2019, de Diseño Documental: https://www.lifeder.com/investigacion-documental/

Vélez, L. V. (2008). *PROYECTOS CREATIVOS*. (U. INTERAMERICANA, Editor) Recuperado el 16 de

Septiembre de 2019, de LA INVESTIGACIÓN CUALITATIVA: https://ponce.inter.edu/cai/Comite-investigacion/investigacion-cualitativa.html

Vox (2018) *how 156 years of British rule shaped Hong Kong* [Archivo de video]. Recuperando de https://www.youtube.com/watch?v=StW7oGSR_Mg

EXPERIMENTACIÓN CON ANIMALES, UNA PERSPECTIVA DESDE LAS INDUSTRIAS

Experimentation with animals, a perspective from the industries

ÁLVAREZ, Santiago.[10]
DE LA ROSA, José. [11]
TRIVIÑO, Alejandra.[12]

Resumen

Los animales han sido una parte fundamental en la existencia de los seres humanos, siendo utilizados como fuente de alimento, vestimenta y con fines de experimentación científica; en esta última, las industrias disponen de animales en el proceso de elaboración de sus productos para garantizar que es apto para el consumo humano. Como objetivo central de esta investigación se busca concretar cómo y en qué circunstancias se da esta problemática, siguiendo una metodología de carácter cualitativo y con enfoque epistemológico.

Palabras clave: EXPERIMENTACIÓN, ANIMALES, INDUSTRIAS

---

[10] Estudiante del IV semestre de Negocios y Relaciones Internacionales. Facultad de Ciencias Económicas y Sociales. Universidad de La Salle. Bogotá, Colombia. Emails: salvarez55@unisalle.edu.co / santiagoalvarez00@hotmail.com

[11] Estudiante del IV semestre de Negocios y Relaciones Internacionales. Facultad de Ciencias Económicas y Sociales. Universidad de La Salle. Bogotá, Colombia. Email: jdelarosa82@unisalle.edu.co / jooseeavilez@gmail.com

[12] Estudiante del IV semestre de Economía. Facultad de Ciencias Económicas y Sociales. Universidad de La Salle. Bogotá, Colombia. Emails: atrivino12@unisalle.edu.co / nietoalejandrat@gmail.com

Abstract

Animals have been a fundamental part of human existence, being used as a source of food, clothing and for scientific experimentation; in the latter, industries have animals in the process of manufacturing their products to ensure that they are fit for human consumption. The main objective of this research is to determine how and under what circumstances this problem occurs, using a qualitative methodology and an epistemological approach.

Key words: EXPERIMENTATION, ANIMALS, INDUSTRIES

1. INTRODUCCIÓN

La experimentación con animales representa hoy en día un debate y un dilema ético de escala mundial que se remonta siglos atrás, al cual se han sumado diferentes puntos de opinión, partiendo de aquellos que justifican el uso de animales con fines científicos a aquellos que por medio del activismo defienden los derechos de los animales. Esta investigación está enfocada en un periodo de tiempo a partir de la década de los 2000, ya que es en este contexto donde la experimentación animal se ha convertido en un factor crucial para muchas industrias en sus procesos de investigación, de igual forma la investigación es realizada principalmente con enfoque global, sin embargo, se realiza una contextualización en el entorno colombiano y con esto abordar la problemática desde una postura más específica.

1.1 Experimentación animal

Boada, Colom y Castelló (2011), definen la experimentación animal como "una actividad que tiene como misión evidenciar o aclarar fenómenos

98

biológicos sobre especies animales determinadas. No obstante, también es toda acción de carácter científico o experimental que pueda llegar a suponer un ataque al estado de bienestar del animal" (p.4).

La experimentación animal ha permitido que el ser humano alcance niveles de desarrollo en distintas áreas ya que muchos de los descubrimientos que se hacen en diferentes industrias son posibles debido a esta práctica que puede ser considerada como inmoral mientras que otros argumentan que es necesaria. De igual forma, Boada, Colom y Castelló (2011), manifiestan que:

Se entiende que un experimento empieza cuando se inicia la preparación del animal para su uso y termina cuando se acaban las observaciones a realizar sobre el mismo. El uso de los animales como reactivos biológicos en el contexto de la investigación científica ha aportado numerosos beneficios. (Boada, Colom y Castelló, 2011, p.4).

Actualmente la experimentación y el uso de animales representan un papel importante en diversas industrias, esto con el fin de ensayar sus productos en animales y evitar diversas consecuencias en la población humana a la salida al mercado de estos productos. Según señalan Gago y Gutiérrez (2011), al mencionar que "se calcula que más de cien millones de animales son sacrificados al año para experimentación, sin tener realmente claro hasta qué punto es necesario ese elevadísimo coste" (p.5).

De igual forma, Borrás (2019), manifiesta que:

Ya sea para productos de higiene como colonias o para medicamentos, los animales

99

siempre son los primeros en sufrir los efectos negativos de los materiales químicos. La cosmética, la industria química, la farmacología, los estudios de psicología o el ejército utilizan animales sin compasión para sus estudios. (Borrás, 2019, p.5).

1.2 Experimentación animal en las industrias

Varias industrias han hecho partícipes a los animales dentro de sus investigaciones para productos de uso humano, estas utilizan diferentes métodos para experimentar con animales, siendo la vivisección la más practicada, tal y como afirma AnimaNaturalis (s.f), según la Real Academia Española (2018), la vivisección es la "disección de los animales vivos, con el fin de hacer estudios fisiológicos o investigaciones patológicas" (p.1). Así mismo, como manifiesta AnimaNaturalis (s.f), hay diversas industrias que utilizan animales ya que:

(...) no sólo las ciencias médicas, físicas y biológicas se sirven de animales no humanos en sus laboratorios, sino también la industria militar, la industria de las armas, la industria cosmética, la industria del tabaco y la industria química en general. (AnimaNaturalis, s.f, p.1)

Por lo anterior se infiere que la experimentación animal es apoyada por varios sectores de la industria ya que de esta manera logran establecer sus productos en el mercado, gracias a que hacen partícipes a los animales en el desarrollo del producto. Esto ha ocasionado una serie de debates en los que se cuestiona esta práctica por parte de ambientalistas y demás sectores sociales que están en contra de esta práctica; por lo que se hace una revisión a la ética de las industrias, a lo que Blasi

100

(2013), define como una industria que "trabaja día a día para mejorar, para estar en el mercado manteniéndose competitiva, cumpliendo con sus deberes ciudadanos y sociales, cuidando el entorno" (p.2), esto podría sugerir que muchas industrias pasan por alto este principio de protección al entorno al momento de hacer uso de animales en sus procesos de investigación.

No obstante, la experimentación con animales podría reemplazarse por otros métodos de investigación o así lo determina Valenzuela (2017), refiriéndose a que:

> Asociaciones de defensa de los derechos animales aseguran que todos los experimentos que se hacen hoy en día se podrían hacer sin animales. Existen métodos alternativos como modelos informáticos y los cultivos celulares, pero aun los tiene que aprobar la Agencia de Validación de Métodos Alternativos (ECVAM) y les faltan fondos. (Valenzuela, 2017, p.9)

Por ejemplo, en la Unión Europea se presentó una propuesta ciudadana para prohibir la experimentación con animales y, de acuerdo a Valenzuela (2017):

> (...) cualquier nuevo producto cosmético que una empresa desee poner a la venta en UE no debe haber sido experimentado en animales en ninguna parte del mundo. En la práctica, hace más de 20 años que las empresas europeas investigan con ensayos alternativos y no realizan experimentos con animales. (Valenzuela, 2017, ídem)

Lo anterior sugiere que la experimentación con animales si puede ser sustituida por otras prácticas que no conlleven a la utilización de animales y por ende que estos sean sujeto de maltrato.

1.3 Experimentación animal en Colombia

En el contexto colombiano la experimentación con animales ha incrementado rápidamente, tal y como afirman Botero y Gómez (2013), al decir que:

> En los últimos años el uso de modelos animales para la experimentación se ha incrementado considerablemente en Colombia en áreas de investigación biológica y biomédica, en el desarrollo de medicamentos y alimentos, y en pruebas de comportamiento animal, entre otras (Botero y Gómez, 2013, p.2).

Según el consejo Internacional para la Investigación Biomédica en Animales está establecido que, para el beneficio de los animales, se tendrían que seguir las normativas principales para que así haya mucho mejor control de la experimentación, esto debe generar una mayor responsabilidad en el manejo de los animales.

Así mismo como lo señalan Garcés y Giraldo (2012), al explicar cómo se da esta problemática en Colombia, explican que:

> (...) para garantizar el mejor trato posible a los animales en experimentación, el Congreso de la República sancionó la Ley 84 del 27 de diciembre de 1989, por la cual se adoptó el estatuto Nacional de Protección de los Animales, que en su capítulo sexto hace referencia a el uso de animales vivos en experimentos e investigación y en su artículo

26, se habla de la obligatoriedad de conformar un Comité de Ética y se le asignan sus responsabilidades, además de las responsabilidades que tendrá el director de la investigación. (Garcés y Giraldo, 2012,p.164)

En Colombia se viene desarrollando un proyecto de ley en el cual el congreso busca prohibir las pruebas cosméticas y farmacológicas en distintas especies animales por parte de diversas industrias, en especial la industria cosmética, o así lo señala Semana Sostenible (2019).

Según Semana Sostenible (2019), la iniciativa también tiene como fin "reglamentar en el país todo lo relacionado con la producción, investigación y comercialización de productos cosméticos, de aseo y absorbentes, prohibiendo el uso de animales en las pruebas para su elaboración y producción" (p.2).

Dado esto se planteó una pregunta de investigación que permitió abarcar de manera general la problemática que se abordó en este artículo, por lo cual se parte del principal cuestionamiento de la investigación: ¿Cuáles son los fines de las industrias con la experimentación animal y qué alternativas se pueden promover para prescindir de esta práctica?

Por lo anterior se planteó una hipótesis que permitió acercarse a un conjunto de respuestas a dicha problemática, siendo esta que la experimentación animal resulta importante para el desarrollo tecnológico de muchas industrias y que por lo tanto se hace imprescindible el uso de animales para desarrollar diferentes productos ya que las industrias de esta forma garantizan la calidad de estos mismos y de esta manera que el ser humano pueda acceder con tranquilidad a dichos productos. Finalmente, se tomaron por objetivos concretar cómo y en qué circunstancias se da esta problemática, viendo la veracidad que tienen las diferentes industrias para hacer todo este tipo de experimentos; así mismo, evaluar el costo-beneficio que tienen estos experimentos para los seres humanos y junto con esto, estudiar y verificar las leyes y/o alternativas que están poniendo en marcha las industrias y gobiernos para solventar esta problemática.

2. METODOLOGÍA

Teniendo en cuenta las características de esta investigación, la metodología que se utilizó fue de carácter cualitativo, siguiendo a Monje (2011), quien plantea que "los investigadores se aproximan a un sujeto real, un individuo real, que está presente en el mundo y que puede, en cierta medida, ofrecernos información sobre sus propias experiencias, opiniones, valores" (p.32), con esto es preciso destacar que el enfoque de la investigación estuvo dirigido hacia sujetos que componen un contexto ético y social estrechamente ligados.

Es necesario señalar que esta investigación fue vista desde la perspectiva de las industrias, sin embargo, el campo de estudio pudo ser extendido tal y como señalan Quecedo y Castaño (2002), al explicar que "los estudios cualitativos no tienen un carácter cerrado, utilizan estrategias que posibiliten ampliar el alcance del estudio, matizar las cuestiones y constructos, o generar nuevas líneas de investigación" (p.17).

Por otra parte, según Hernández y Mendoza (2018), al afirmar que "la ruta cualitativa resulta conveniente para comprender fenómenos desde la perspectiva de quienes lo viven y cuando buscamos patrones y diferencias en estas experiencias y su significado" (p.9). Así mismo, como plantea Martínez (2011), refiriéndose a las diferencias entre la investigación cualitativa y cuantitativa:

> (...) lo que diferencia fundamentalmente la investigación cualitativa de la cuantitativa no son los procedimientos metodológicos ni los instrumentos que utilizan, sino su perspectiva epistemológica, el interés teórico que persiguen y la forma de aproximarse conceptualmente a la realidad humana y social. (Martínez, 2011, p.11).

Este trabajo se realizó con énfasis documental, ya que de acuerdo a Socorro, Reyes y Trujillo (2019), los datos para la elaboración del mismo "provienen de libros, artículos, videos, revistas, publicaciones periódicas y otras fuentes que, a juicio de los investigadores, ofrecen el contenido que se desea contrastar, relacionar y/o vincular al propósito de su investigación" (p.2).

De acuerdo con la Universidad De Jaén (s.f), se entiende que "la investigación documental depende fundamentalmente de la información que se recoge o consulta en documentos, (...) es decir, al que se puede acudir como fuente o referencia en cualquier momento o lugar, sin que se altere su naturaleza o sentido" (p.1).

De mismo modo, el enfoque bajo el cual se desarrolló este artículo fue de carácter epistemológico ya que de acuerdo a Bédard (2003), el artículo hace alusión al estudio en general de la problemática a partir de su naturaleza u origen, la lógica y un juicio de validez sobre lo que es correcto o no, teniendo en cuenta el tema central, junto con los fines en los cuales se fundamenta la temática de la investigación. Igualmente, de acuerdo a Ceberio y Watzlawick (1998), citados por Jaramillo (2003), la epistemología "significa conocimiento, y es una rama de la filosofía que se ocupa de todos los elementos que procuran la adquisición de conocimiento e investiga los fundamentos, límites, métodos y validez del mismo". (p.2)

Siguiendo a Torrents (s.f) quien afirma que "escoger un posicionamiento epistemológico interpretativista supone que el investigador interpreta la realidad empírica en los términos interpretados por los sujetos observados" (p.168). Al ser de carácter episte-mológico y cualitativo, Pereira, Conceição, y Martínez (2016), destacan que:

> La Epistemología Cualitativa, creada por Fernando González Rey, consiste en un enfoque epistemológico y metodológico para el estudio y la comprensión de fenómenos complejos, especialmente del orden de la subjetividad humana, proponiendo un enfoque dialógico de la investigación, con énfasis en su modus operandi y la singularidad del proceso constructivo-interpretativo. (Pereira, Conceição y Martínez, 2016, p.1)

El razonamiento deductivo fue utilizado para dar respuesta a la problemática planteada ya que se considera muy importante en este tipo investigaciones.

Dávila (2006), quien plantea que el razonamiento deductivo es "un sistema para organizar hechos conocidos y extraer conclusiones, lo cual se logra mediante una serie de enunciados" (p.27), con el objetivo que se trazó se buscó que esta investigación tuviera una metodología con cierta veracidad utilizando métodos de razonamiento deductivo para que tenga un menor error en la búsqueda de respuestas de parte de los investigadores como Rodríguez (2018), afirma:

> Este tipo de pensamiento es una de las bases fundamentales de varias disciplinas como la lógica y las matemáticas, y tiene un papel muy importante en la mayoría de las ciencias. Por ello, muchos pensadores han tratado de desarrollar la manera en la que usamos el pensamiento deductivo para que produzca el menor número de fallos posible. (Rodríguez, 2018, p.2)

También el método inductivo ayudó a conocer una parte fundamental en el artículo de estudio como Ramos (2017), contempla que "es el razonamiento que, partiendo de casos particulares, se eleva a conocimientos generales. Este método permite la formación de hipótesis, investigación de leyes científicas, y las demostraciones." (p.1)

El razonamiento inductivo ayuda a tomar decisiones en el día a día, Castillero (2015), lo define como:

> Suele ser un método mucho más empleado de lo que parece a la hora de tomar decisiones en nuestro día a día, siendo generalmente lo que utilizamos para predecir las futuribles consecuencias de nuestros actos o lo que puede llegar a suceder. (Castillero, 2015, p.3)

Con base a lo anterior se logra inferir que esta investigación tuvo énfasis en el razonamiento deductivo, ya que con los diferentes conceptos que se documentan en la investigación se pudo analizar y explicar el contexto de esta investigación en un marco teórico generalizado hacia casos particulares.

3. RESULTADOS

Los fines de las industrias para recurrir a la experimentación animal se derivan de un conjunto de argumentos que justifican la experimentación o uso de animales como una práctica muy frecuente dentro de los procesos de elaboración de un producto en las industrias, esto según Romero, Gutiérrez y Figueroa (2017), al mencionar que se sabe que "el desarrollo, la producción y el control de medicamentos, alimentos y otros productos que favorecen la salud tanto humana como de los mismos animales, requiere la implementación de técnicas que se desarrollan en organismos vivos" (p.61), lo que podría sugerir que por lo tanto para las empresas, sobre todo de aquellas donde el producto final tiene un contacto directo con el ser humano, es fundamental que los animales formen parte de todo este proceso de calidad.

Los animales son empleados por diversos sectores para probar sus productos y garantizar su calidad, ya que según *Cruelty Free International* (s.f), frecuentemente en "la investigación biológica y la prueba de medicamentos y productos químicos. Incluso la experimentación con animales para cosméticos todavía está permitida en el 80% del mundo" (p.1).

De Igual forma según el portal Cruelty Free International (s.f), esta práctica es muy frecuentada ya que "la investigación biológica fundamental constituye el uso más común de animales en experimentos en todo el mundo. Representa el 46% del total de experimentos realizados en Europa" (p.2). Con base a esto, se podría inferir que aun diversas industrias están acudiendo a la experimentación animal con las finalidades ya mencionadas.

Existen diversas técnicas que utilizan las industrias para ensayar sus productos en animales, siendo la vivisección la más frecuente a lo que OpenMind (2018), describe como:

> La disección de animales vivos con fines de investigación, (...) se emplea en el ámbito científico y raramente se practica en su sentido original, pero organizaciones activistas suelen aplicarlo a toda experimentación con animales, incluso con el uso de anestesia o técnicas no invasivas. (OpenMind, 2018, p.2)

La experimentación animal también es cuestionada por otros sectores de la sociedad ya que parten de una postura moral y ética en la que generan una serie de críticas respecto a esta práctica, puesto que ponen en duda si verdaderamente es necesario el uso de animales con fines industriales específicos, esto es expuesto por Páez (2017), al mencionar que "cada año más de 115 millones de animales, contando solo a vertebrados, son sometidos a experimentación con el supuesto fin de beneficiar a seres humanos"(p.1), así mismo, tal vez lo anterior responde a que no siempre las empresas utilizan a los animales con un enfoque ético y moral ya que sus finalidades no son en pro de la sociedad si no en busca de maximizar sus beneficios.

No obstante, las industrias que realizan esta actividad se basan en el principio de las 3 R's, el cual busca garantizar los derechos de los animales en cuestión de la experimentación animal, esto con base a Mediavilla (2014), al mencionar que:

> En experimentación animal se trata de cumplir el <u>principio de las tres erres</u>: reemplazo, reducción y refinamiento. El reemplazo consiste en sustituir, siempre que sea posible, a los animales por modelos informáticos o cultivos celulares para probar el efecto de fármacos o posibles tóxicos. La reducción trata de reducir el número de animales empleados. Y el refinamiento consiste en buscar métodos para minimizar el sufrimiento de los animales. (Mediavilla, 2014, p.5)

Por lo anterior, se sugiere que todos estos casos tienen en común que el beneficio que los seres humanos pueden recibir gracias a estas prácticas, son pocos, pero se debate mucho en cómo son utilizados estos productos, ya que en su mayoría son para cosméticos, los cuales para muchos se sustenta en vanidad y no tiene un costo-beneficio que apoye estas prácticas. Pese a ello, se somete a un gran número de animales a daños graves.

Sin embargo, se infiere que razonar éticamente requiere rechazar toda forma de discriminación basada en características de los individuos que no tienen que ver con su capacidad para ser dañados o beneficiados, de igual forma no tener en cuenta los daños que los animales padecen en estos experimentos, o darles una menor importancia, simplemente porque no pertenecen a la especie humana, es un tipo de discriminación que no tiene arbitrariedad.

Del mismo modo que no respetar a alguien por su color de piel o su género está injustificado, también lo está no respetarle por su especie. Desde un punto de vista imparcial, el sufrimiento y muerte de estos animales pesa más que el beneficio trivial obtenido por los seres humanos. Siguiendo a Mosterin (2013), quien afirma que:

> El supuesto de que hay un gran abismo entre los animales humanos y los no humanos, por lo que los primeros merecerían un respeto moral absoluto, mientras los segundos no merecerían respeto moral alguno, no tiene nada que ver con la visión científica del mundo. (Mosterin, 2013, p.2)

Se dedujo que muchas empresas hoy en día siguen recurriendo a estas prácticas basándose en que es necesaria con el fin de que se pueda garantizar la mejor calidad de los productos que ofrecen, esto se ve reflejado especialmente en las industrias cosméticas y del cuidado de la salud, ya que al ofrecer productos que tiene contacto directo con el organismo es necesario hacer una revisión detallada de los efectos de los distintos productos en el cuerpo humano y evaluar los posibles riesgos que puedan ocasionar en los consumidores finales. Según El blog de Uma (2019), estas son algunas de las empresas que continúan la experimentación con animales:

- *"Balenciaga*
- *Benefit Cosmetics*
- *Biotherm (L'Oreal*
- *Bobby Brown (Estee Lauder)*
- *Burberry*
- *BVLGARY Perfums*

- *Cacherel (L'Oreal)*
- *Calvin Klein Cosmetics*
- *Chloe*
- *Christina Aguilera Perfumes (Procter & Gamble)."* (p.2)

No obstante, otras empresas están adoptando nuevas prácticas las cuales reemplazan las convencionales y demuestran que, si es posible construir un modelo de investigación en el que no se involucre el uso de animales, por su parte Mosterin (2013), sostiene que:

> (...) un número creciente de clientes (sobre todo mujeres) manifestaron su oposición absoluta a que se haga sufrir tanto a animales inocentes con fines tan frívolos, y empezaron a boicotear a las empresas que toleraban tales prácticas. Como respuesta, las empresas de cosméticos más conocidas (como *The Body Shop* y *Avon*) enseguida renunciaron voluntariamente a la investigación con animales vivos y empezaron a anunciar en sus productos que ningún animal había sufrido para desarrollarlos. (Mosterin, 2013, p.3)

Adicional a las industrias, los animales son objeto de experimentos por parte de las universidades como método de aprendizaje en diversas áreas, tal y como afirman Vasconcelos, da Cruz y Bezerra (2016), al afirmar que:

> Incluso ante esta polémica, muchos centros de investigaciones científicas en universidades recurren a la experimentación con animales con la finalidad de descubrir curas para enfermedades graves y letales o para entender el mecanismo del surgimiento

> de diversas enfermedades que atacan no sólo a seres humanos, sino también a otros seres vivos. Sobre todo, en relación a las pruebas de nuevos fármacos para determinadas enfermedades, de cierta forma los efectos colaterales observados en estudios clínicos pueden ser atenuados y prevenidos a partir de observaciones previas de estudios en vivo. (Vasconcelos, da Cruz y Bezerra, 2016, p.2)

Igualmente, en el ámbito médico los animales son objetos de experimentación, especialmente los primates, ya que por este medio ensayan tratamientos para algunas enfermedades, o así lo manifiesta COSCE (2011), al decir que:

> Las nuevas enfermedades infecciosas producidas por virus que pueden causar la muerte de las personas afectadas (SIDA, Ébola), se han investigado y deberán seguir siendo investigadas utilizando primates no humanos, por ser estos muy parecidos a los humanos y por lo tanto son susceptibles de ser infectados por los mismos virus y de padecer síntomas muy similares. (COSCE, 2011, p.8)

Por otra parte, Vasconcelos, da Cruz y Bezerra (2016), manifiestan que estas prácticas pueden ser peligrosas al mencionar que:

> Los individuos comprometidos con la protección de los animales, creen que la práctica es innecesaria, alegando la viabilidad de utilizar métodos de investigación sustitutivos, así como la posibilidad de cometer errores metodológicos cuando se pretende transferir interpretaciones obtenidas

113

a partir de pruebas en una determinada especie animal a otra diversa, como es el caso de la especie humana. (Vasconcelos, da Cruz y Bezerra, 2016, p.1).

Por lo anterior, se podría inferir que es necesaria la búsqueda de alternativas viables que hagan prescindir de estas prácticas que no tienen beneficio para los animales.

Así mismo Cárdenas (2008), reseña lo expresado por Pilar Vinar Dell Martínez (s.f), quien afirma que:

> La Facultad de Farmacia de la Universidad de Barcelona, España, los avances actuales en biomedicina abren la puerta a que numerosos estudios puedan realizarse con cultivos celulares. Un ejemplo: los polémicos ensayos de irritación ocular en conejos (que exigen aplicar el producto directamente al ojo) pueden sustituirse por métodos que usan órganos aislados, como el de la opacidad y permeabilidad de córnea bovina. (Cárdenas, 2008, p.4)

Estudiando las diferentes alternativas planteadas por algunos científicos Álvarez (2014), tiene la seguridad de:

> Si no se identifica ninguna opción de sustitución, será preciso centrarse en el empleo adecuado de animales. Debiera actualizarse el protocolo experimental teniendo en cuenta los últimos avances científico-técnicos en diseño experimental, para evitar estrés y dolor y reducir en lo posible el número de animales empleados. (Álvarez, 2014, p. 112)

Lo anterior supone que la solución más cercana posiblemente no es dejar de experimentar con animales, al menos no ahora ya que la tecnología no permite aún tener un modelo artificial que reproduzca todas las variables biológicas que intervienen en la interacción entre un organismo vivo y una sustancia química externa que pretende tener un uso, sería un error prohibir porque salva vidas humanas, lo que coincide con las afirmaciones de Hernández (2015), en donde se tendría que avanzar tecnológicamente para buscar soluciones y sustitutos reales para esta problemática.

Esta investigación tuvo como propósito general concretar cómo y en qué circunstancias se da la experimentación animal, evaluando la veracidad que tienen las diferentes industrias para hacer todo tipo de experimentos en los animales, por lo que la discusión respecto a los resultados se centra generalmente en base a las industrias y esta práctica ya mencionada.

Con base a los resultados expuestos anteriormente, es posible señalar que los hallazgos se presentan de manera explícita ya que permite establecer que la experimentación animal es un tema en cuestión por parte de diversas empresas y/o industrias, lo que ha generado que se desarrollen diferentes estrategias y alternativas contra las prácticas en animales.

Adicionalmente, la investigación resulta relevante ya que se muestran aquellos factores y argumentos que tienen las industrias y sectores de la sociedad para justificar la experimentación animal como una práctica necesaria para el desarrollo de diversos productos en distintas áreas de la industria.

De lo anterior lo obtenido resulto útil, ya que en la investigación se infirió que existen métodos diferentes a los tradicionales, y que las empresas no siempre están dispuestas a adoptar otros métodos. Los hallazgos presentados en la investigación permitieron dar profundidad a la temática trabajada por medio de conceptos que fundamentan la postura de las industrias, también resultaron pertinentes para lograr comprender con mayor eficacia que la experimentación animal es una cuestión que logra salir de lo que se conoce como maltrato animal, puesto que bajo los debidos procedimientos llega a ser necesaria en muchos aspectos.

4. CONCLUSIONES

La experimentación animal es un dilema ético que tiene diversos puntos de opinión, en especial la comunidad científica, por lo que, según Giráldez (s.f), el tema en cuestión es "una práctica responsable, cuidadosa y respetuosa hacia los seres vivos que, por ahora es imprescindible consumir para el necesario avance de la ciencia"(p.128), con base a esto, se podría decir que la experimentación animal es un tema amplio tanto por los cuestionamientos éticos que recibe por varios sectores, por la importancia de que representa para la comunidad científica y las industrias que acuden a esta práctica.

La experimentación animal es un método utilizado con frecuencia por varios sectores industriales, como el sector alimenticio, farmacéutico, cosmético, químico, militar y principalmente por el sector de la medicina, o así lo señala Bernardo (2015). De igual forma, se logra observar los distintos fines que tienen las industrias para usar animales, ya que Riechmann (2004), citado por Bernardo (2015), refieren que los animales son utilizados para diseñar medicamentos,

116

probar armas en la industria militar o realizar pruebas de calidad en productos cosméticos. Del mismo modo, las industrias experimentan con animales bajo el argumento de que por este medio se garantiza la viabilidad de sus productos y experimentos relacionados con la salud humana y que, de lo contrario, no se sabría a ciencia cierta los efectos de estos en la población humana, a lo que Garcés y Giraldo (2012), definen que el uso de los animales:

> (…) en la experimentación científica ha sido y será de vital importancia para la vida humana, y el beneficio que de las investigaciones se obtenga mejorará el propio bienestar animal que incide en salud pública. Los animales han facilitado a la ciencia el conocimiento de la biología y la fisiología para realizar diagnósticos y tratamientos que mejoran la calidad de vida del hombre. Por eso, el uso de animales en experimentación y docencia debe ser realizado con respeto y teniendo en cuenta las reacciones del animal y su propia etología. (Garcés y Giraldo, 2012, p.159)

La mayoría de casos de experimentación contribuyen al desarrollo de la medicina moderna tal y como señalan Boada, Colom y Castelló (2011), al decir que "no se puede negar el gran beneficio que ha supuesto el uso de animales para toda la sociedad. Este beneficio se puede apreciar en las ciencias básicas y especialmente en las de la salud" (p.62).

Hoy en día se vienen desarrollando alternativas por parte de las industrias y gobiernos para contrarrestar la experimentación animal, según Sáez (2016), existen varios métodos al decir que "uno de los métodos alternativos a los llamados 'modelos animales' son las herramientas bioinformáticas y el uso de *big data* o datos masivos" (p.1), técnicas por medio de programas sistematizados y/o computarizados.

A partir de lo obtenido en la investigación, es posible concluir que la hipótesis es correcta ya que a lo largo de la recopilación de datos para esta investigación se muestra como las industrias buscan diferentes alternativas las cuales son importantes para el desarrollo tecnológico y que por lo tanto se hace imprescindible el uso de animales para todas estos experimentos probando la calidad de aquellos productos con el fin de garantizar que las personas puedan usarlos con total tranquilidad y no padecer efectos secundarios, con esto la pregunta planteada ante esta problemática fue posible responderla ya que se evidenció cuáles son los fines y las alternativas que se promueven en base a este fenómeno mundial, pero especialmente estudiado con unos objetivos fijados en donde se cumplen con totalidad conociendo el cómo y en qué circunstancias se mueve este medio, tomando como iniciativa la poca veracidad que tienen las diferentes industrias acerca de esta problemática y el no entendimiento por parte de estas del costo-beneficio que tienen estos experimentos, estudiando las leyes y/o alternativas de una manera exitosa para dar respuesta a la pregunta de investigación.

5. RECOMENDACIONES

Una vez concluida esta investigación, se considera pertinente investigar sobre otros aspectos relacionados con la experimentación animal para ampliar el campo de esta problemática y presentar otros enfoques que se deriven de esta misma práctica, por lo tanto, se propone:

- Iniciar una investigación acerca de las diferentes regulaciones y políticas que ha establecido Colombia respecto a las industrias nacionales y aquellas internacionales con presencia en el país, con el objetivo de identificar las leyes que están actualmente establecidas a fin de regular la experimentación con animales en aquellas industrias donde se realiza esta práctica.

- Realizar una investigación que parta desde una perspectiva moral y ética con el fin de visualizar y entender ambas partes de esta problemática, es decir, desde una perspectiva netamente social para lograr comprender de manera más detallada los argumentos de sectores sociales en contra de esta práctica y posteriormente realizar una comparación respecto a ambas posturas.

- Seguir la investigación hacia un enfoque en el cual se establezca la incidencia de estas experimentaciones con la extinción de diversas especies en los ecosistemas y así mismo, establecer una investigación respecto a las industrias y la afectación de los ecosistemas colombianos con el fin de demostrar si hay algún tipo de relación entre la experimentación animal y el deterioro ambiental.

- Identificar las posibles consecuencias que puede ocasionar un cambio de metodología al momento en el que las industrias opten por nuevas alternativas que busquen frenar la experimentación animal y de igual forma identificar el impacto económico y social que estos cambios traen consigo.

- Extender los estudios de la temática trabajada hacia las industrias que tradicionalmente han recurrido a la experimentación animal, como la industria cosmética, a fin de conocer cuáles son los métodos más utilizados, las garantías que ofrecen para el cuidado de los animales que son objeto de experimentación y los estándares bajo los cuales se rigen junto con el concepto de responsabilidad empresarial.

REFERENCIAS BIBLIOGRÁFICAS

AnimaNaturalis. (s.f). animanaturalis.org. Recuperado el 10 de Septiembre de 2019, de ANIMALES EN LABORATORIOS: https://www.animanaturalis.org/p/animales_en_la boratorios

Barbosa, A., Gandolfo, M. I., & Mitjáns, A. (2016). Epistemología cualitativa de González Rey: una forma diferente de análisis de "datos". Revista Tecnia, 1(1), 18-31. Recuperado el 17 de Septiembre de 2019

Bédard, R. (Junio-Diciembre de 2003). Los Fundamentos del Pensamiento y las Prácticas Administrativas. El Rombo y las Cuatro Dimensiones filosóficas. AD-

MINISTER(3), 68-88. Recuperado el 10 de Septiembre de 2019

Bernardo, M. d. (Julio de 2015). Las organizaciones animalistas en la ciencia: comunicación y participación en el debate sobre la experimentación animal. 1-20. Recuperado el 24 de septiembre de 2019

Blasi, A. (8 de Abril de 2013). amicsdelpais.com. Recuperado el 24 de Septiembre de 2019, de Las Empresas Industriales y la Ética: https://www.amicsdelpais.com/es/publicaciones/l as_empresas_industriales_y_la_etica/550/

Boada, M., Colom, A., & Castelló, N. (2011). La experimentación animal. 3-65. Recuperado el 27 de agosto de 2019, de https://ddd.uab.cat/pub/trerecpro/2011/80084/la _experimentacion_animal.pdf

Borrás, C. (12 de Febrero de 2019). Ecologiaverde.com. Recuperado el 10 de Septiembre de 2019, de La explotación animal: https://www.ecologiaverde.com/la-explotacion-animal-60.html

Botero, L., & Gómez, R. (Diciembre de 2013). USO DE ANIMALES DE LABORATORIO EN COLOMBIA: REFLEXIONES SOBRE ASPECTOS NORMATIVOS Y ÉTICOS. Rev. Med. Vet. Zoot, 6(3), 213-219. Recuperado el 27 de agosto de 2019, de http://bdigital.unal.edu.co/38793/1/42129-193991-2-PB.pdf

Castillero, O. (2015). psicología y mente. Recuperado el 17 de Septiembre de 2019, de Los 4 tipos de razonamiento principales (y sus características): https://psicologiaymente.com/inteligencia/tipos-de-razonamiento

COSCE (2011) DOCUMENTO COSCE SOBRE EL USO DE ANIMALES EN INVESTIGACIÓN CIENTÍFICA

Cruelty Free International. (s.f).
Crueltyfreeinternational.org. Recuperado el 24 de Septiembre de 2019, de Tipos de pruebas en animales: https://www.crueltyfreeinternational.org/why-we-do-it/types-animal-testing

Dávila, G. (2006). EL RAZONAMIENTO INDUCTIVO Y DEDUCTIVO DENTRO DEL PROCESO INVESTIGATIVO EN CIENCIAS EXPERIMENTALES Y SOCIALES. Laurus. Revista de educación (12), 180-205. doi:1315-883X

El Blog de Uma. (25 de Abril de 2019). El Blog de Uma. Recuperado el 24 de Septiembre de 2019, de Marcas y empresas que experimentan con animales: https://www.elblogdeuma.com/marcas-y-empresas-que-experimentan-con-animales/

Gago, M., & Gutiérrez, C. (2011). Experimentación animal: Problemática y legislación. 5. Recuperado el 20 de Agosto de 2019, de https://ddd.uab.cat/pub/trerecpro/2011/80058/experimentacion_animal.pdf

Galán, M. (13 de Septiembre de 2011). Metodología de la investigación. Recuperado el 17 de Septiembre de 2019, de La investigación documental: http://manuelgalan.blogspot.com/2011/09/la-investgacion-documental_1557.html

Garcés, L., & Giraldo, C. (2012). Bioética en la experimentación científica con animales: cuestión de reglamentación o de actitud humana. Revista Lasallista de Investigación, 9(1), 159-166. doi:ISSN: 1794-4449

Giráldez, A. (s.f). Ética en la experimentación animal: ¿justicia para los animales? Revista Bioética y Ciencias de la Salud, 5(3), 114-128. Recuperado el 24 de septiembre de 2019, de https://www.bioeticacs.org/iceb/seleccion_temas/experimentacionAnimales/exp_animal.pdf

Gómez, L. (Octubre-Marzo de 2011). Un espacio para la investigación documental. Revista Vanguardia Psicológica, I(2), 226-233. doi:ISSN 2216-0701

Hernandez, R., & Mendoza, C. (2018). Metodología de la investigación: Las rutas cuantitativa, cualitativa y mixta. Ciudad de México, México: McGraw Hill Education. Recuperado el 27 de agosto de 2019

Jaramillo, L. G. (2003). ¿Qué es Epistemología? Mi mirar epistemológico y el progreso de la ciencia. Cinta de Moebio. Revista de epistemología de ciencias sociales., 174-178. Recuperado el 10 de Septiembre de 2019, de http://www2.facso.uchile.cl/publicaciones/moebio/18/jaramillo.htm

Martínez, J. (Julio-Diciembre de 2011). MÉTODOS DE INVESTIGACIÓN CUALITATIVA. Silogismo (08), 1-33. Recuperado el 17 de Septiembre de 2019, de http://www.cide.edu.co/doc/investigacion/3.%20 metodos%20de%20investigacion.pdf

Mediavilla, D. (9 de Junio de 2014). esmateria.com. Recuperado el 24 de Septiembre de 2019, de Sin experimentación animal no habría medicina moderna: http://esmateria.com/2014/06/09/sin-experimentacion-animal-habria-medicina-moderna/

Monje, C. (2011). METODOLOGÍA DE LA INVESTIGACIÓN CUANTITATIVA Y CUALITATIVA. Guía didáctica. Neiva, Huila, Colombia: Universidad Surcolombiana. Recuperado el 27 de agosto de 2019, de https://www.uv.mx/rmipe/files/2017/02/Guia-didactica-metodologia-de-la-investigacion.pdf

Mosterín, J. (8 de Agosto de 2013). CUADERNO DE CULTURA CIENTÍFICA. Recuperado el 24 de Septiembre de 2019, de Dilemas éticos en la experimentación animal:

https://culturacientifica.com/2013/08/08/dilemas-eticos-en-la-experimentacion-animal-por-jesus-mosterin/

OpenMind. (9 de Marzo de 2018).
https://www.bbvaopenmind.com. Recuperado el 24 de Septiembre de 2019, de Preguntas y respuestas sobre la experimentación animal: https://www.bbvaopenmind.com/ciencia/investigacion/preguntas-y-respuestas-sobre-la-experimentacion-animal/

Páez, E. (17 de Enero de 2017). Eldiario.es. Recuperado el 24 de Septiembre de 2019, de ¿Es justificable la experimentación animal?: https://www.eldiario.es/caballodenietzsche/justificable-experimentacion-animal_6_602699753.html

Quecedo, R., & Castaño, C. (2002). Introducción a la metodología de investigación cualitativa. Revista de psicodidáctica(14), 5-39. Recuperado el 17 de Septiembre de 2019, de https://www.redalyc.org/pdf/175/17501402.pdf

Ramos, E. (2017). Métodos y técnicas de investigación. Recuperado el 17 de Septiembre de 2019

Real Academia Española. (2018). Real Academia Española. Vivisicción(Edición Tricentenario). Madrid, España. Recuperado el 10 de Septiembre de 2019, de Vivisección: https://dle.rae.es/?id=byhfKE4

Rodríguez, A. (2018). Lidifer.com. Recuperado el 17 de Septiembre de 2019, de Razonamiento Deductivo: Características, Tipos y Ejemplos: https://www.lifeder.com/razonamiento-deductivo/

Rodríguez, J. (Julio-Diciembre de 2011). MÉTODOS DE INVESTIGACIÓN CUALITATIVA. Silogismo (08), 11. Recuperado el 17 de Septiembre de 2019, de http://www.cide.edu.co/doc/investigacion/3.%20

metodos%20de%20investigacion.pdf#page=31&z
oom=auto,-99,631

Romero, B. P., Gutiérrez, M. F., & Figueroa, M. d. (11 de
Febrero de 2017). La ética y el uso de animales en
la experimentación. Revista del Hospital Juárez de
México, 84(2), 60-62. Recuperado el 24 de
Septiembre de 2019, de
https://www.medigraphic.com/pdfs/juarez/ju-
2017/ju172a.pdf

Sáez, C. (9 de Febrero de 2016). Lavanguardia.com.
Recuperado el 24 de Septiembre de 2019, de ¿Se
puede hacer ciencia sin experimentación
animal?:
https://www.lavanguardia.com/ciencia/planeta-
tierra/20160114/301395228254/big-data-
bioinformatica-reducir-experimentacion-
animal.html

SemanaSostenible. (9 de Marzo de 2019). Semana
Sostenible. Recuperado el 10 de Septiembre de
2019, de Animales en Colombia, a un paso de
salvarse de los experimentos:
https://sostenibilidad.semana.com/impacto/articu
lo/animales-ya-no-serian-objeto-de-experimentos-
de-la-industria-cosmetica/46616

Socorro, F., Reyes, G., & Trujillo, R. (01 de enero de 2019).
Escenarios irreales no utópicos. Revista Espacios,
40(3), 2. doi:ISSN 0798 1015

Torrents, A. (s.f). EL IMPACTO DE LAS BARRERAS DE
APRENDIZAJE EN EL RENDIMIENTO DE LAS
ORGANIZACIONES. 168. Recuperado el 17 de
Septiembre de 2019, de
https://upcommons.upc.edu/handle/2117/94075

Universidad de Jaén. (s.f). ujaen.es. Recuperado el 17 de
Septiembre de 2019, de DISEÑO DOCUMENTAL:
http://www.ujaen.es/investiga/tics_tfg/dise_docu
mental.html

Valenzuela, A. (18 de Octubre de 2017).
Elindependiente.com. Recuperado el 10 de
Septiembre de 2019, de Experimentación animal:
"Los científicos somos los primeros que queremos
evitarla":
https://www.elindependiente.com/futuro/2017/06
/04/experimentacion-animal-los-cientificos-somos-
los-primeros-que-queremos-evitarla/

Vasconcelos, M., da Cruz, J., & Bezerra, L. (May/Aug de
2016). Utilización de animales en la investigación:
breve revisión de la legislación en Brasil. Revista
Bioética, 24(2), 1-2. doi:ISSN 1983-8034

EL LENGUAJE A TRAVÉS DE LAS REDES SOCIALES: ¿EVOLUCIÓN O INVOLUCIÓN?

Language through social media: Evolution or involution?

CASTILLO, Ana M. [13]

SÁNCHEZ, Laura K. [14]

Resumen
La transformación del lenguaje, causada por el internet, ha desarrollado las consecuencias de diversas formas contemporáneas de comunicación. Estas a su vez, representan ya sea una evolución o involución para algunos autores. Por medio del análisis cualitativo y el razonamiento inductivo se determinaron las implicaciones de esta transformación. Concluyendo que, si bien se observaron resultados evolutivos e involutivos, el enfoque central, está dado por desconocimiento de la norma gramatical, donde, se suele tomar como legítimo el uso de ciertos neologismos.

Palabras clave
Lenguaje, Redes, Evolución, Involución

Abstract

The transformation of language, caused by the internet, has developed the consequences of various contemporary forms of communication. These in turn, represent either an evolution or involution for some authors. The implications of

---

[13] Estudiante del III semestre de Negocios y Relaciones Internacionales. Facultad de ciencias económicas y sociales. Universidad de La Salle. Bogotá, Colombia. Emails: acastillo97@unisalle.edu.co / anacasti0809@gmail.com

[14] Estudiante del III semestre de Negocios y Relaciones Internacionales. Facultad de ciencias económicas y sociales. Universidad de La Salle. Bogotá, Colombia. Emails: lasanchez76@unisalle.edu.co / laurasancheztorres3@gmail.com

this transformation were determined through qualitative analysis and inductive reasoning. Concluding that, although evolutionary and evolutive results were observed, the central approach is given by ignorance of the grammatical norm, where, the use of certain neologisms is usually taken as legitimate.

Key words

Language, Networks, Evolution, Involution

1. INTRODUCCIÓN

¿El lenguaje cambia? Según lo afirma Arrastia (2018), la tecnología marca el pulso de las maneras modernas de comunicarse y de la aparición de nuevos términos. Siendo la transcendencia tecnológica la que propicia un nuevo lenguaje en estos tiempos que corren. 'Chatear', 'Güasap', 'Tuit', 'Selfi' y 'Guglear' son palabras que ahora forman parte de nuestro nuevo léxico. Independientemente de si son correctas o no, aceptadas o no, son fruto de una contemporánea era digital, que afecta lo que conocíamos sobre lingüística.

Teniendo en cuenta a Cerrillo y Xalabarder (2018), quienes, al plantear las tecnologías del idioma como método de comprensión del lenguaje humano, abordan el uso de recursos lingüísticos, apoyándose en que "cualquier procesamiento del lenguaje natural se basa en el uso de grandes volúmenes de recursos lingüísticos múltiples y variados, de muy distinto origen y tipología" (p. 19), enfatizando en que los mismos pueden ser de origen tanto público como privado y de igual manera su procedencia.

Siendo así, Monaghan y Roberts (2019), quienes denominaran el *word borrowing* como una práctica recurrente entre idiomas con una raíz lingüística común y a su vez, apoyándose en Lavob (2007), quien plantea que este cambio va de la mano con el contacto entre lenguajes, sumado a que estas alteraciones tanto histórica como actualmente se han ido acomodando de acuerdo a las necesidades que se le presentan al hombre.

Al abordar la investigación, se logra inferir que puede existir una concepción dual en cuanto esta problemática; ya que, se pueden encontrar quienes declaran que éste no es un proceso nuevo y que históricamente ha sido dado por procesos cíclicos de aprendizaje y comunicación, los cuales determinan la transmisión parcial del lenguaje, en calidad de conseguir unas habilidades comunicativas efectivas, las cuales van a variar de acuerdo a su entorno y a su necesidad. Por otro lado, se encuentran quienes declaran que este proceso no hace más que conducir al idioma a su más pura decrepitud, como lo expresa Yus (2002), citado por Parrilla (2008), al afirmar que el fuerte de los jóvenes hoy en día no es la ortografía, siendo así perjudicial tanto para ellos como para el propio idioma.

De esta manera, al tener en cuenta los planteamientos diversos de cada uno de los autores, se puede llegar a la pregunta: ¿Cuáles han sido las consecuencias de estas nuevas tecnologías sobre el lenguaje?

Partiendo así de la hipótesis de que estos avances tecnológicos, más precisamente de las redes sociales son las causantes de una regresión en el idioma, en tanto reproducen linealmente (principalmente entre los jóvenes) el desconocimiento de las normas gramaticales, siendo el principal objetivo lograr comprensión del mensaje más que si el mismo contiene una estructura gramatical aceptable. Teniendo como consecuencia que las normas gramaticales y el idioma como tal pierdan importancia desde que se logre el «hacerse entender».

Este contenido intentó responder esta pregunta a partir de las fuentes de información disponibles, tales como libros y artículos científicos que refieren el tema eje de investigación de las investigadoras –desde diferentes enfoques–, con el fin de compilar argumentos fundamentados (tanto a favor como en contra) que consiguieron dar cuenta de las variables, factores causantes de este proceso y que explicaron cómo la tecnología ha producido y puede producir ciertos efectos (ya sean evolutivos o involutivos) respecto al idioma. Para una posterior inferencia y respuesta que logró dejar establecido cuál de estos dos efectos tuvo una influencia más significativa que el otro.

Por lo tanto, se buscó examinar los efectos que han traído estos cambios dentro del entorno social; a través del análisis teórico de los autores que abordan dicha problemática para poder determinar si los efectos traídos por estos cambios son mayoritariamente positivos o negativos, e inferir, de ese modo, si dichos efectos en esencia representan una variación en la concepción que se ha venido teniendo sobre gramática y lenguaje.

1.1 El lenguaje

Se podría afirmar que el ser humano, desde su historia, ha tenido la necesidad de comunicarse, ya que, a partir de su etapa primitiva ha estado ingeniando y creando diferentes formas y medios para hacerlo. Argumento que puede ser respaldado por Guardia (2009), al establecer que:

> Fue capaz de quemar la parte interna de un tronco de un árbol y de colocar encima la piel de un animal para formar así un tambor, con el cual emitía sonidos ya codificados que trasmitía desde largas distancias. Las señales de humo, los destellos enviados por espejos, las palomas mensajeras, los ruidos que imitaban el canto de los pájaros, reflejaban la búsqueda de soluciones para cubrir esa necesidad. (Guardia, 2009, p. 16)

Así que, son diversas las definiciones que existen desde tiempos remotos, como lo hace notar Ríos (2010), para describir el término lenguaje. Debido a que, estas definiciones que planifican las visiones y creencias individuales de sus proponentes. Se debe resaltar, que cada interpretación que se hace al lenguaje es atada –en su mayoría–, a los intereses particulares.

De acuerdo con lo anterior, Chomsky (1957), citado por Ríos (2010), expone:

> El lenguaje es un conjunto finito o infinito de oraciones, cada una de ellas de longitud finita y construida a partir de un conjunto finito de elementos. Esta definición enfatiza las características estructurales del lenguaje sin adentrase en sus funciones y la capacidad de generar acción que tiene para un emisor y el receptor. Dicho aspecto es medular dentro

> de los estudios relacionados al lenguaje. (Ríos, 2010, p. 3)

Por otra parte, Ugalde (1989), da a conocer el lenguaje como un sistema de signos que utiliza el ser humano ya sea como un medio de comunicación con los demás o para reflexionar consigo mismo. Este sistema de signos puede ser denotado por medio del sonido (signos articulados) o por medios gráficos (escritura); siendo estas dos posibilidades conocidas como código oral y código escrito, respectivamente.

Sin embargo, podría pensarse que el lenguaje que han adoptado las redes sociales ha consistido en trasladar el habla a una «escritura oral». Puesto que, la ortografía se descuida ya sea por comodidad o desconocimiento, según lo plantea Draft (2017):

> Se recargan mensajes con mayúsculas convirtiendo lo remarcado en griterío; algunas palabras pasan a ser monosílabos sonoros, incluso con una única letra, o la síncopa resultante de la eliminación de vocales, se pretende identificar un sintagma; se simulan onomatopeyas, como la risa, mediante caracteres o signos para indicar estados de ánimo, o se realizan alargamientos de palabras con la repetición de vocales o consonantes para remarcar la entonación enfática que se haría al hablar. (Draft, 2017, p. 3)

De igual forma, la lengua es dinámica y cambiante, tal como lo expresa Edith Saucedo Torres, experta en el idioma expañol, consultada por Sosa (2016), al considerar sobre ésta que, "es viva, siempre va a tener cambios, nosotros no hablamos y menos escribimos como lo hacían en el siglo XII o XV, ha cambiado y nos hemos adaptado" (p. 2).

1.2. Las redes sociales

Se podría plantear, que las redes sociales son espacios intangibles, en tanto a juicio de Celaya (2008), citada por Hütt (2012), las redes sociales son lugares en Internet, siendo estos, espacios en la virtualidad que facilitan la interacción entre personas. Donde publican y comparten todo tipo de información, personal y profesional, con terceras personas, conocidos y absolutos desconocidos. Desde luego, esta interacción está marcada por diversos elementos particulares como el anonimato total o parcial, si así el usuario lo deseara, la facilidad de contacto sincrónico o anacrónico, así como también la seguridad e inseguridad que dan las relaciones que se suscitan por esta vía.

Un aspecto interesante es la teoría de los seis grados, descrita por el sociólogo Duncan Watts (2003), citado por Hütt (2012), al exponer el vínculo directo que la mayoría de personas mantiene con alrededor de 100 personas, las cuales o bien se suman o se restan a lo largo de la vida:

> (...) viene a consolidar una lista de 100 a 200 personas aproximadamente en nuestra lista. Si estos 100 contactos nos presentaran a sus 100 respectivos contactos, nuestra lista de referencia iría creciendo exponencialmente. Es decir, en un primer nivel tendríamos 100 personas (...) y así sucesivamente hasta llegar a nuestro sexto nivel, con un total de 1 billón de personas (un millón de millones). Bajo esta primicia, cualquier persona estaría en

> posibilidad de conocer a cualquier otra persona del mundo a través de su red de contactos. (Hütt, 2012, p. 4)

Por otro lado, Pasquali (1980), citado por Robles (2015), manifiesta que:

> La comunicación supone un intercambio dialéctico de mensajes, en la que los polos dialogantes pueden hacer reversible la dirección del flujo y poseen una simetría basada en la posesión del máximo «coeficiente de comunicabilidad», que es el que distingue la comunicación humana de otras formas de comunicación con bajos coeficientes. (Robles, 2015, p. 3)

Por lo tanto, puede inferirse que la Internet se ha convertido en la mejor plataforma para lograr comunicación a través del lenguaje. Siendo un elemento fundamental dentro del proceso de comunicativo. Donde, gracias a la evolución de esta herramienta aparecen diferentes asuntos de gran relevancia. Uno de estos, según Robles (2015), un nuevo personaje: el prosumidor, que es aquella persona que no solo consume, sino que también produce información dentro de la red de redes.

1.3 El lenguaje y las redes sociales

Véase de esta manera, podría pensarse que hoy en día tenemos una enorme facilidad para comunicarnos con el resto del mundo de modo rápido, fácil e incluso gratis a través de las redes sociales. Desde la posición de Tirira (2013), "el uso de estas redes depende de las necesidades, del público, de los intereses y los gustos que tengan los cibernautas" (p. 1). Si bien es cierto, podría pensarse que las redes sociales han abierto una ventana al mundo, además de que también nos han expuesto a variaciones de la escritura tanto correctas como erróneas, que pueden confundirnos e influir en el uso del lenguaje.

Por lo que, el internet relacionado con las redes sociales implica un nuevo modo de socialización, sobre el que Navarro (2009), señala:

> Es un nuevo modo de usar el lenguaje y el pensamiento, es decir, la cultura. En este paradigma el mundo editorial está viviendo su tercera gran revolución. La primera se forjó con el paso de la cultura oral a la escrita. El nacimiento de la imprenta de Gutenberg, en el siglo XV, trajo la segunda. Y la tercera está irrumpiendo este siglo amparada por las nuevas tecnologías de la información. (Navarro, 2009, p. 5)

De acuerdo con lo anterior, al parecer, el lenguaje evoluciona. Como lo indica Tirira (2013), teniendo en cuenta que, su transcendencia es constante debido a las variaciones que la sociedad manifiesta en las redes sociales. Casos comunes en las redes es el uso incorrecto de las letras b, v, s, c, z, mayúsculas, minúsculas, eliminación de vocales. En palabras de Vaquiero (2012), citado por Tirira (2013), acerca del agregado entre lo oral y lo escrito "se halla la «oralidad escrita» y la «escritura oralizada», es decir que se escribe como se habla o se habla como se escribe" (p. 1).

También, Tirira (2013), agrega que:

> Se encuentran cambios intencionados de las palabras (heterografías), por ejemplo: «Ssii fueraz una eztrella fugaz ezcribiiriia en lo alto

> del ciielo ¡FELIIZ NAVIIDAD!» (Si fueras una estrella fugaz escribiría en lo alto del cielo ¡Feliz Navidad!) Algunos autores afirman que esta escritura es una nueva forma de expresión de los jóvenes quienes pretenden mostrar originalidad y rebeldía en estos espacios informales, que son aceptados y entendibles en sus círculos virtuales. Sin embargo, la constante escritura errónea puede confundir y hacer creer que determinados términos están escritos de forma correcta por la repetición de su uso. (Tirira, 2013, p. 1)

Con lo anterior, se puede pensar en el comienzo de una nueva existencia y, en efecto, de una nueva era, la de la información, marcada por la autonomía de la cultura frente a las bases materiales de nuestra existencia.

2. METODOLOGÍA

La metodología utilizada fue de tipo cualitativa, basada en un razonamiento inductivo, por ende, en contenido documental, donde, se tuvieron en cuenta las visiones contrapuestas que se pudieron encontrar sobre el tema; como puede observarse teniendo en cuenta la preocupación que explica Lázaro (2003), sobre la regresión –según él–, del lenguaje, la cual "lejos de enmascarar la necesidad ingénita, va a potenciarla. Muy pronto tendremos tontos inalterados, puros, como de manantial. Y los habrá también reciclados, restituidos a su condición en cuanto se adapten a la posmodernidad cuyo ariete es Internet" (p. 262).

De modo que, el enfoque axiológico fue el predilecto para dicho propósito, en cuanto lo que busca es una vigilancia crítica que asegure la legitimidad de los juicios de valor de los autores que están siendo aquí expuestos.

Teniendo en cuenta el análisis cualitativo, se podría decir que parte de las técnicas de recogida de datos que generan información expresada en el lenguaje natural, es decir, el lenguaje verbal. Lo que, suele realizarse de acuerdo con tres operaciones básicas, por un lado, la reducción de la información, por otro la organización de los datos y por último la extracción de conclusiones. Lo anterior, puede sustentarse de acuerdo a la posición de Matas (2011), quien añade también que "la información que aportan las grabaciones de vídeo, fotografías, dibujos, etc. En definitiva, en Ciencias Sociales se trabaja con datos numéricos, cuyo análisis es básicamente estadístico, y con datos no numéricos." (p. 147)

Por lo tanto, los análisis cualitativos suelen ser complejos por el volumen de información que se debe manejar, por lo que Matas (2011), sostiene que son extensas cantidades de información que hay que leer, revisar y organizar. Además de documentos extensos como las entrevistas, los diarios, las narraciones, las biografías, etc., que deben ser tratados de forma conjunta para extraer la información e integrarla coherentemente dentro de la investigación.

Al retomar la metodología empleada, es de gran relevancia comprender que para la sustentación de la investigación cualitativa se han utilizado términos como: «paradigma», «modelo», «sistema», «enfoque», entre otros; en coherencia con los transcursos de conocimientos en ciencias sociales humanas, lo que coincide perfectamente con lo mencionado por Cifuentes (2011).

Se puede deducir que el razonamiento lógico se refiere al uso de entendimiento para pasar de unas proposiciones a otras partiendo de lo ya conocido o de lo que creemos conocer a lo desconocido o menos conocido, teniendo así dos tipos de razonamientos: deductivo e inductivo.

Por lo que nos enfocaremos en el inductivo, que va de lo particular a lo general. Dicho con palabras de Pérez (2015), el razonamiento inductivo es "una modalidad del razonamiento no deductivo que consiste en obtener conclusiones generales a partir de premisas que contienen datos particulares." (p. 10)

Por otra parte, se podría llegar a conocer la naturaleza de los fenómenos a través de la experiencia, el razonamiento y la investigación, estas vías son complementarias, la experiencia opera en el campo de los acontecimientos que se producen por azar y supone una aproximación de la realidad. Por lo que, según expresa Dávila (2006), con respecto al método inductivo, que, de acuerdo con su planteamiento, se conoce como experimental "sus pasos son: 1) Observación, 2) Formulación de hipótesis, 3) Verificación, 4) Tesis, 5) Ley y 6) Teoría." (p. 187)

Teniendo en cuenta lo dicho anteriormente, se puede decir que el razonamiento inductivo nos lleva por ende a un contenido documental teniendo en cuenta el proceso de investigación realizado: elección, identificación de lo que sé, visualización del panorama y determinación de limites sobre el tema.

El análisis de contenido axiológico es pues, un método de investigación amplio y genérico, con posibilidades de aplicar su formalidad a cualquier campo de la educación. Como lo hace notar Gervilla (2004), dicho análisis siempre:

> (...) pretende facilitarnos el acceso al mundo axiológico, con la pretensión de determinar los valores expresos e implícitos de cualquier contenido informativo, en una triple vertiente: analizar las características del mensaje, estudiar las causas y relaciones del mismo y reflexionar sobre sus efectos. (Gervilla, 2004, p. 3)

Por otro lado, dicho en palabras de Chacón (2014), puede definirse como el sistema de conocimientos que conduce la ética sobre la moral y los valores a los seres humanos, que llevan la praxis y las exigencias ético-morales de la vida cotidiana de las personas en sus relaciones, comunicación y actitud ante el mundo en que viven, transformándose en un importante instrumento para la dirección de los procesos sociales y la actividad científico-investigativa.

3. RESULTADOS

Se debe tener en cuenta, de acuerdo a como lo afirma Saldana (2018), que existen pocos estudios que traten el cambio en la interacción comunicativa a partir de la complexidad lingüística (en contraposición a aquellos que estudian esta última como una variable dinámica); de modo que cabe citar a Fussell y Krauss (1989), quienes sugieren que los hablantes mismos son quienes tienden a incluir más y más redundancias con el propósito de asegurar su comprensión. Retornando de esa manera al supuesto de una ciudadanía mundial, marcada dentro del entorno de la inmigración, pero no siendo ese el único enfoque y causa de la problemática a tratar.

Estos cambios no sólo involucran el ámbito gramatical, en cuanto a lenguaje se refiere, sino que también afectan el campo de la traducción, al alterar la interpretación certera que antes representaban las mismas y haciendo que como último recurso se opte por usar la palabra en su idioma original. Esta imprecisión se le atribuye al sector de las telecomunicaciones, en concreto a la internet, que según Navarrete (2013), es un constante creador de neologismos que mayoritariamente provienen del inglés; neologismos que influyen de manera tal que afecta irremediablemente los códigos lingüísticos, siendo estos los engranajes fundamentales de la interacción social. Además de la influencia particularmente ejercida por el inglés, que dificulta la búsqueda de una uniformidad terminológica que resulta así en préstamos innecesarios.

Desde una perspectiva histórica sobre el origen de nuevas terminologías atribuídas a la invención de la Internet, Silvia Ramírez Gelbes consultada por Infobae (2016), afirma que éstas responden a "un espacio vacío, una necesidad de caratular algo que antes no existía" (p. 2). Poniendo como punto de referencia la invención de la aviación, que trajo consigo la necesidad de acuñar nuevas terminologías a los fenómenos, herramientas y acciones traídos por ella.

Por otra parte, refiriéndonos ya al aspecto gramatical, se hacen manifiestas varias preocupaciones; como por ejemplo el uso de *emojis* que si bien para García (2017), sirven como herramienta para empatizar y generar un acercamiento con sus lectores, su uso representa una nueva encrucijada gramatical, que él manifiesta al decir "no dejo de preguntarme, ¿los utilizo de manera gramaticalmente correcta? ¿El punto y aparte viene antes o después del *emoji*?" (p. 9).

Mientras que, Infobae (2016), en su entrevista a la lingüista Ramírez Gelbes, desmiente que el uso de los emoticones represente una ofensa o amenaza contra el discurso escrito. Al contrario, establece que estos lo complementan.

Hay también quienes declaran que éste proceso no hace más que conducir al idioma a su más pura decrepitud, enfocándose en el aspecto ortográfico, como lo expresa Yus (2002), citado por Parrilla (2008), al afirmar que el fuerte de los jóvenes hoy en día no es la ortografía siendo así perjudicial tanto para ellos como para el propio idioma. Empero, este argumento puede ser controvertido en tanto Martínez de Sousa (2004), citado por Vaqueiro (2012), establece una distinción entre disgrafías (o faltas de ortografía) y heterografías:

> Las faltas de ortografía se producen por ignorancia de las reglas que rigen la grafía del español; (...) Las heterografías son desviaciones intencionadas de la norma ortográfica que no se producen por desconocimiento, sino por discrepancias ocasionales con la norma académica. (Vaqueiro, 2012, p. 5)

Por consiguiente, la utilización de ciertas «convenciones ortográficas», como las denomina Vaqueiro (2012), en los textos electrónicos muestran una omisión intencional de la norma, a pesar de su conocimiento; y consecuentemente, no pueden ser consideradas como errores ortográficos.

Por otro lado, una preocupación que se puede escuchar comúnmente podría ser la referida a las abreviaciones. Sin embargo, según Ferreiro (2006), citado por Gajardo (2016), las abreviaturas no son uso exclusivo de la era digital, sino que devienen de la Edad Media al ser utilizadas por los copistas debido a la extensión de los pergaminos. Por lo tanto, los jóvenes hoy en día han retomado y apropiado este tipo de escritura a través del uso de *WhatsApp* y las redes sociales. Se debe entender, también, que ésta sintetización y abreviación en el tipo de escritura en dichas plataformas digitales se ve impulsada por el número de caracteres, que algunas de ellas limitan; un ejemplo claro de ello es *Twitter*. Además, se debe tener en cuenta que como lo establece Ontranslation (2018), no es lo mismo hacer un comentario en Facebook que hacer un artículo de opinión.

También, partiendo de la perspectiva de Alonso, Badia, Campàs, y Martí (2003), al entender la síntesis del habla como la conversión de texto en habla y que según ellos requiere "la capacidad de poder tratar un vocabulario extenso y una amplia variedad de construcciones sintácticas y tipologías de texto (p. 257)". Se podría entender que antes de lograr realizar una sintetización o modificación del lenguaje y del idioma, ha de ser menester conocer cabalmente el vocabulario y las construcciones lingüísticas que sean objeto del mismo.

Así mismo, se debe entender que este nuevo tipo de escritura se encuentra muy relacionado con la oralidad, de modo que como es expresado por Ontranslation (2018), con respecto a este tema "escribimos en chats que tienen una dinámica más cercana a la de una conversación con el vecino que a la de un libro (p. 2)".

Sin embargo, el campo donde podemos observar claramente los efectos que representan las redes sociales para el idioma es en el ámbito escolar, con los así denominados por González (2015), como «nativos digitales». A partir de ello, González (2015), refiere sobre la incidencia de estas nuevas tecnologías y formas de comunicación:

> (...) inciden directa e indirectamente en la educación. Directamente, porque la mayor parte del conocimiento se encuentra accesible a través del uso Internet y porque las nuevas formas de comunicarse se han establecido como un elemento estructural de la cultura de nuestros tiempos. Indirectamente, porque la escuela debe incorporar la tecnología a la forma en que aprende el estudiante por medio de múltiples estímulos simultáneos que captan su atención, además de concientizarlo respecto a la postura crítica que debe asumir respecto a estos mensajes mediáticos. (González, 2015, p. 8)

A partir de allí se comienzan a encontrar diferentes posturas; como la de Barcia (2006), director de la Academia Argentina de Letras, citado por Hipertextual (2015), con respecto a la comunicación que establecen los jóvenes a través de los medios:

> No existe un lenguaje del chat, sino deformaciones de la lengua. Y, en este sentido, si impulsamos el chat como una diversión, estamos discapacitando al alumno. Con este ejercicio de balbuceo primitivo de la lengua, que hace un jibarismo de las expresiones, estamos convirtiendo al chico en un inepto expresivo y, por lo tanto, en un ciudadano de segunda en el futuro. (Barcia, 2006, p. 4)

No obstante, las redes sociales no se podrían considerar como un medio de comunicación formal y de igual manera, supondría, no se debe trasladar ese lenguaje (el de las redes sociales), a otros aspectos de la vida. Ya que como lo aclara Echeburúa (2018), la confusión entre estos tres planos –esferas de la vida pública, privada e íntima–, empobrece sustancialmente la comunicación. Además de hacer que este estilo se «contagie». Como respuesta al planteamiento anterior, Ontranslation (2018), introduce la definición de «registro» el cual establece que se trata del "modo en el que usamos la lengua en según qué contextos. No hablamos igual en el bar que cuando damos una charla sobre un tema técnico (...) pues esto se puede trasladar al lenguaje de las redes sociales, escrito" (p. 3).

El verdadero problema, según lo expresa Gajardo (2016), tiene lugar cuando el registro, utilizado por los alumnos no es conocido o comprensible para el propio docente, lo que dificulta su labor, al ser estos quienes evalúan la ortografía, coherencia y cohesión en los escritos de sus alumnos. Sumado a que gran parte del nuevo vocabulario acuñado de la web, proviene del ya mencionado *word borrowing*. De ese

144

modo Gajardo (2016), cita a Casany (2000), quien plantea que, de acuerdo a lo anterior, la ortografía pierde terreno frente a la ortografía.

Por ello, es que, a causa de la ya nombrada «escritura oralizada», es que Javier Lascurain, en la mesa redonda «El español en las redes sociales», documentada por EFE (2018), expresa sus consideraciones respecto a una responsabilidad a la que estarían sujetos los usuarios de las redes sociales, debido la importancia que representan hoy en día, y que en la misma medida, podrían representar una solución a las problemáticas mencionadas:

> Para la generación más joven los periodistas ya no son los maestros del idioma, es la gente que está en las redes sociales, en YouTube, y por ello "cuanto mejor sea el español de las redes sociales, mejor será el español que hablen las generaciones futuras". (EFE, 2018, p. 1)

Por lo cual, Mar Abad, de la revista Yorokobu y también participante de la mesa redonda documentada por EFE (2018), enfatiza en que hay que diferenciar los registros, incluso en las redes sociales, ya que en éstas también se escribe tanto en ámbitos públicos como privados. Y finaliza defendiendo el uso de palabras antiguas y en desuso, cómo recurso mara mantener la lengua.

Teniendo en cuenta los resultados de las entrevistas a los estudiantes de Séptimo Básico, en Santiago de Chile, realizadas a través de *WhatsApp* por Gajardo (2016), se observa que:

> Claramente en sus respuestas existe sustitución de algunos dígrafos, por ejemplo,

> cuando se les pregunta ¿Cuántos años llevan en el colegio? remplazaban la c, qu, por k «kon este seis años» «porke» «Konverso». Así también cambian la «b» por la «v» (...) dentro del análisis se puede constatar que la mayoría de los mensajes escritos presenta abreviaturas, se observa un código propio en sus mensajes, mientras que en sus respuestas frente a las preguntas realizadas prefieren la escritura digital sobre la análoga. (Gajardo, 2016, p. 16)

Mientras que, con respecto a los signos de puntuación, Gajardo (2016), afirma que:

> Dentro de los escritos de los alumnos se aprecia la nula utilización de punto seguido, punto aparte y coma escribiendo fuera de la norma, lo cual muchas veces distorsiona el mensaje. Sin embargo, se puede apreciar que al escribir palabras en inglés estas no presentan problemas pues los alumnos no omiten dígrafos ni cometen faltas de ortografía ejemplo: *Facebook, WhatsApp,* etc. (Gajardo, 2016, p. 16)

Tomando en cuenta, por otra parte, las entrevistas realizadas por González (2015), esta vez a los docentes de varios colegios en Chile; cabe resaltar la declaración realizada por una docente en particular del Instituto Nacional de Maipú, al afirmar que esta forma de utilizar la lengua es un fenómeno que sus estudiantes saben distinguir:

> (...) por lo menos en los alumnos de este colegio, yo creo que saben bastante diferenciar en cuando se trata de una publicación y cómo publican en ella. En el

> fondo qué registros van a utilizar, y qué registros que tienen que utilizar cuando están dentro de una clase o cuando están elaborando, por ejemplo, una redacción para la clase. (González, 2015, p. 91)

Sin embargo, ésta distinción que la docente plantea está dada gracias al trabajo hecho por la misma al enfatizar en esta diferencia. Por lo que, este resultado no es generalizado para los demás jóvenes; con relación a la percepción mayoritaria de los docentes quienes expresan que los estudiantes no diferencian el contexto sobre el que aplican su registro. Lo anterior, confirmaría lo establecido por Saucedo Torres, entrevistado por Sosa (2016), quien afirma que la perdida de ortografía también está dada por el cambio en los planes de estudio en el sistema educativo, estableciendo que, antes era indispensable saber cómo escribir de acuerdo a las reglas gramaticales; mientras que hoy, se continúan aplicándo pero de forma laxa. Dándole –de nuevo– mayor importancia a la expresión oral que a la producción escrita.

En términos generales, la tecnología sí ha tenido consecuencias en el lenguaje, esto depende de la perspectiva que se tenga; ya que, al mirarse desde un punto muy general, estas alteraciones del idioma traídas por la inmediatez de la internet nos han permitido ser más eficientes y pragmáticos a la hora de comunicarnos, como fue establecido anteriormente por Gajardo (2016); con esto, se llegó a que el eje central a esta hora es lograr la comprensión por parte del receptor del mensaje más que la ortodoxia con la que se pudiese transmitir el mismo. Por otro lado, se han creado una amplia gama de lo que podríamos llamar «recursos lingüísticos», pero sobre los cuales, la mayoría de los jóvenes no parecen conocer de fondo el contexto que les da forma. Esto, al contrastarlo con su producción tanto escrita como oral dentro de un nuevo registro: el académico.

Convirtiéndose así, la educación, en la nueva problemática que, fue abordada a partir del estudio de las percepciones que tenían algunos maestros frente a esta problemática, dando cabida a que algunos maestros consideren que sus estudiantes no son conscientes de los contextos en los que se encuentran y de cómo se deben expresar dependiendo de los mismos, mientras que otros consideran que sí son conscientes de ello, enfatizando en que, es dado a que ellos se los han enseñado a sus alumnos.

Mientras se llevaba a cabo la investigación documental, la misma permitió observar que existía bien una bipolaridad frente a esta problemática, sin embargo, los argumentos planteados por los diferentes autores eran diversos, a la vez que poseían diversos enfoques que presumían diversas posturas, no sólo a favor o en contra, como en un principio se creyó que se encontraría, sino que también aquellos autores que enfocaron la misma problemática desde una perspectiva diferente, teniendo como eje diferentes núcleos problémicos. Lo cual fue de relevancia en relación con los resultados obtenidos, considerando que se tenía una hipótesis que generalizaba y encasillaba una presunta involución contemplando únicamente el factor ortográfico. Sin embargo, producto de la investigación se pudo llegar a nuevos conceptos y factores que ampliaron el horizonte para tener un panorama más amplio de la problemática que se estaba abordando.

4. CONCLUSIONES

Los cambios que han sido incorporados al lenguaje podrían considerarse como una evolución, teniendo en cuenta que, en el caso de la abreviación, de acuerdo a lo planteado por Gajardo (2016), ésta ha existido como convención ortográfica desde la Edad Media y fue adoptada como un medio para «acomodarse» a las necesidades de la época, en este caso: el tamaño limitado de los pergaminos.

A partir de este marco, podría inferirse que las abreviaciones son un tema de pura comodidad, practicidad y eficiencia a la hora de escribir mensajes electrónicos; partiendo del supuesto de que en nuestra era predomina el estar constantemente conectado con nuestro entorno a través de la internet. A su vez, éstas han tenido una difusión y adopción mayor y más veloz, en comparación, a razón de la ubicuidad otorgada como consecuencia del efecto red.

Por otra parte, el que podría ser considerado como el verdadero problema y al que se le atribuiría en términos generales el supuesto por el cual el cambio en el lenguaje es denominado como «Involución» estaría dado por la incapacidad primordialmente de los jóvenes de establecer una diferenciación en el registro apropiado a usar según el contexto. Y esto, como consecuencia devendría en la incomprensión entre los adultos y los jóvenes al no conocer dichos códigos en los que estos últimos se expresan.

Sin embargo, al parecer, la concepción de los cambios en el lenguaje atribuidos a la tecnología y

149

denominados por algunos autores como un proceso involutivo en el desarrollo del lenguaje, podrían ser considerados como una falacia. Debido a que, de acuerdo con Vaqueiro (2012) dentro de los códigos creados por los jóvenes se puede encontrar una diferenciación entre faltas de ortografía y las faltas intencionales a la norma ortográfica también denominadas como heterografías; ya que las primeras hacen referencia al puro desconocimiento de la norma, mientras que las segundas se hacen basadas en un previo conocimiento gramatical y quienes las usan son conscientes del registro en el que estas pueden ser usadas.

Por otro lado, englobando como tal las consecuencias producidas por estas nuevas tecnologías y dejando de lado el aspecto idiomático, se encontró que a causa de la globalización traída por dichas tecnologías aumentó el contacto entre usuarios de cualquier parte del planeta, así mismo de sus idiomas, lo que potenció el *word borrowing*, sobre el que habla Lavob (2013), citado por Monaghan y Roberts (2019), haciéndolo más notable y recurrente en esta era tecnológica, a partir de lo cual, se podría inferir –erróneamente–, que es un fenómeno reciente. Tal y como lo expresa Sosa (2016), cuando habla sobre las transformaciones del lenguaje, y expresa que las mismas se han dado en un tiempo nunca antes visto, en comparación con las transiciones habituales que requerían al menos un siglo para adoptarse. Sin embargo, las mismas cuentan con un registro un poco reducido en comparación por las cuestiones ya tratadas.

A su vez, la misma globalización ha causado una alteración en este fenómeno, en cuanto estos préstamos solían utilizarse únicamente cuando era estrictamente necesario, pero hoy este fenómeno es «el pan de cada día», dando cabida usualmente a préstamos innecesarios. Dichos préstamos excesivos también entran a afectar como se vio anteriormente el campo de la traducción, donde se altera la interpretación certera que la misma suponía.

Por tanto, se logró identificar que, tal como lo expresan particularmente los trabajos de Gajardo (2016) y González (2015), el enfoque central dentro de estos efectos está dado por el desconocimiento de la norma, en el que los jóvenes toman como legítimo y correcto el uso que observan de sus demás coetáneos dado tanto a la lengua escrita como a la expresión oral, aun cuando algunos de ellos si conozcan la norma. Por lo cual, al basarse en la perspectiva binaria de los maestros ante este asunto, se puede observar que un contingente ante esta problemática sería la educación sobre el tema, de modo que los jóvenes, si se quiere, puedan expresarse cada vez más a través del uso de heterografías, lo que implicaría por supuesto que contaran con una fundamentación solida de la norma gramatical y como consecuencia que sean capaces de identificar los diferentes contextos que requieren un registro específico. Los anteriores argumentos reflejan el eje de la dicotomía en el debate con respecto al cual se toma una posición evolucionista e involucionista en la modificación del lenguaje en esta era actual de la red.

5. RECOMENDACIONES

Una vez concluido el estudio, se considera relevante sugerir sobre otros aspectos relacionados con el lenguaje a través de las redes sociales:

- Profundizar sobre el manejo dado por la educación frente a esta problemática, teniendo en cuenta que al modificarse el entendimiento que se tiene sobre el idioma podría modificarse también como se enseña éste.
- Investigar qué impacto han tenido estos avances tecnológicos y cómo se utilizan estos a nivel social, entendiéndose esto, como el uso de estas nuevas dinámicas y recursos (por ejemplo), en favor de las personas con discapacidades en el habla.
- Podría verse desde otro punto de vista, teniendo en cuenta, una orientación cultural basada en el entorno social.
- Podría verse ampliado desde la nueva era digital (revolución digital) en relación con el lenguaje y las redes sociales.
- Realizar el estudio tomando otra postura, es decir, que no se hable de una evolución/involución, sino mantener una neutralidad entre estas dos.
- Ver desde otro enfoque el modelo metodológico propuesto, considerando que, el utilizado aquí fue de tipo cualitativo, basado en razonamiento inductivo

REFERENCIAS BIBLIOGRÁFICAS

Alonso Martín, J. A., Badia Cardús, T., Campàs Montaner, J., & Martí Antonín, M. A. (2003). Las tecnologías del lenguaje. Barcelona, España: Editorial UOC.

Arrastia, D. (Junio de 2018). El impacto de la tecnología en el lenguaje. Recuperado el 15 de Agosto de 2019, de impulsodigital.elmundo.es: http://www.impulsodigital.elmundo.es/sociedad-inteligente/el-impacto-de-la-tecnologia-en-el-lenguaje

Cerrillo Martínez, A., & Xalabarder, R. (2018). El impacto del derecho en el uso de las tecnologías del lenguaje en las administraciones públicas. *Revista de Llengua i Dret*(70), 17-30. doi:10.2436/rld.

Chacón Arteaga, N. L. (2014). El enfoque ético, axiológico y humanista aplicado a la educación. Varona, *59*, 14-22. Recuperado el 1 de Octubre de 2019, de https://www.redalyc.org/articulo.oa?id=36063690 5004

Cifuentes Gil, R. M. (2011). Diseño de proyectos de investigación cualitativa. Buenos aires, Argentina: Noveduc Libros.

Dávila Newman, G. (2006). El razonamiento inductivo y deductivo dentro del proceso investigativo en ciencias experimentales y sociales. *Laurus, 12*, 180-205. Recuperado el 1 de Octubre de 2019, de https://www.redalyc.org/articulo.oa?id=76109911

Echeburúa, E. (22 de Marzo de 2018). Comunicación en las redes sociales: tan cerca y tan lejos. El País, págs. 1-4. Recuperado el 19 de Septiembre de 2019, de https://elpais.com/tecnologia/2018/03/19/actuali dad/1521469603_477136.html

EFE - Servicio Internacional. (2018). Javier Lascurain (Fundéu): El futuro del lenguaje se juega en redes sociales. Obtenido de https://www-emis-com.hemeroteca.lasalle.edu.co/php/search/doc ?dcid=604391007&ebsco=1?

Gajardo Cornejo, P. (2016). Influencias de las Redes Sociales en el Desarrollo de la Escritura de los Alumnos de Séptimo Básico. Santiago de Chile: Universidad Andrés Bello. Recuperado el 21 de Septiembre de 2019, de http://repositorio.unab.cl/xmlui/bitstream/handle/r ia/3875/a119168_Gajardo_P_Influencias_de_las_re

des_sociales_2016_Tesis.pdf?sequence=1&isAllowe
d=y

Garcia Guaita, J. (17 de Octubre de 2017). Ferrovial blog. Recuperado el 19 de Septiembre de 2019, de ¿Cómo nos comunicaremos en el futuro?: https://blog.ferrovial.com/es/2017/10/prediccione s-comunicacion-del-futuro/

Gervilla Castillo, E. (2004). Buscando valores. El análisis de contenido axiológico. Perfiles educativos, 26(103), 95-110. Obtenido de http://www.scielo.org.mx/scielo.php?script=sci_art text&pid=S0185-26982004000200006

González Hernández, M. (2015). Las Redes Sociales y su Incidencia en la Forma en que los Jóvenes se Comunican y Utilizan la Lengua: Perspectiva de los Docentes de Lenguaje y Comunicación. Santiago de Chile: Universidad de Chile. Recuperado el 19 de Septiembre de 2019, de http://repositorio.uchile.cl/bitstream/handle/2250/ 136443/Tesis_Melisa_Gonz%c3%a1lez_Hern%c3%a1 ndez.pdf?sequence=1&isAllowed=y

Guardia de Viggiano, N. V. (2009). Lenguaje y Comunicación (Primera ed.). San José: Coordinación Educativa y Cultural Centroamericana, CECC/SICA, . Recuperado el 22 de Septiembre de 2019, de http://unpan1.un.org/intradoc/groups/public/doc uments/icap/unpan040441.pdf

Hipertextual. (21 de Enero de 2015). Hipertextual. Recuperado el 19 de Septiembre de 2019, de Cómo afecta la tecnología la forma en que nos comunicarnos: https://hipertextual.com/archivo/2015/01/consec uencias-tecnologia-comunicacion/

Hütt Herrera, H. (2012). Las Redes Sociales: Una Nueva Herramienta de Difusión. Reflexiones, 91(2), 121- 128. Recuperado el 22 de Septiembre de 2019, de

http://www.redalyc.org/articulo.oa?id=729239620
08

Infobae. (3 de Julio de 2016). Infobae. Recuperado el 2019
	de Septiembre de 2019, de El impacto de las
	redes sociales en el lenguaje:
	https://www.infobae.com/tendencias/2016/07/03
	/como-las-redes-sociales-impactan-en-el-
	lenguaje/

Lázaro Carreter, F. (2003). El nuevo dardo en la palabra.
	Alianza Editorial S.A.

Matas Terón, A. (2011). Introducción a la investigación en
	Ciencias de la Educación. Bubok Publising S.L.

Monaghan, P., & Roberts, S. G. (Mayo de 2019). *Cognitive
	influences in language evolution: Psycholinguistic
	predictors of loan word borrowing. Cognition, 186,*
	147-158.
	doi:https://doi.org/10.1016/j.cognition.2019.02.007

Navarrete Sirvent, Á. (2013). La traducción técnica y el
	lenguaje de las telecomunicaciones: propuesta
	de un glosario trilingüe. *Skopos, 2,* 111-128.
	Recuperado el 19 de Septiembre de 2019, de
	https://www.uco.es/ucopress/ojs/index.php/skopo
	s/article/view/4420/4186

Navarro Zamora, L. (2009). Construcción del Ciberlenguaje
	de la Generación Red en el Paradigma de las
	Nuevas Tecnologías de la Información y
	Comunicación: La Comunicación del Milenio.
	Razón y Palabra(69), 1-20. Obtenido de
	http://www.redalyc.org/articulo.oa?id=199520330
	068

Ontranslation. (3 de Abril de 2018). Ontranslation.
	Recuperado el 19 de Septiembre de 2019, de
	Lenguaje en las redes sociales: ¿errores o nuevos
	usos?: https://ontranslation.es/lenguaje-en-las-
	redes-sociales/

Parrilla, E. A. (2008). Alteraciones del lenguaje en la era digital. Comunicar: Revista científica de comunicación y educación, *XV*(30), 131-136. doi:10.3916/c30-2008-02-006

Ríos Hernández, I. (2010). El Lenguaje: Herramienta de Reconstrucción del Pensamiento . Razón y Palabra, 72. Obtenido de http://www.redalyc.org/pdf/1995/199514906041.pdf

Robles Rodríguez , J. P. (2015). Las Redes Sociales y la Nueva Tendencia de Comunicación. Cultura, 29, 261-272. Recuperado el 22 de Septiembre de 2019, de http://www.revistacultura.com.pe/wp-content/uploads/2015/12/RCU_29_las-redes-sociales-y-la-nueva-tendencia-de-comunicacion.pdf

Saldana, C. C. (2018). *Simplifying linguistic complexity : culture and cognition in language evolution.* Edinburgo: *University of Edinburgh*. Recuperado el 15 de Agosto de 2019, de https://www.era.lib.ed.ac.uk/bitstream/handle/1842/31395/Saldana2018.pdf?sequence=1&isAllowed=y

Sosa P, A. (15 de Mayo de 2016). Idioma de redes sociales, la mutación del lenguaje. El Sol de Tamaulipas. Obtenido de https://www-emis-com.hemeroteca.lasalle.edu.co/php/search/doc?dcid=530720211&ebsco=1?

Tirira, M. (2013). La escritura en las redes sociales . Para el aula, 22-23. Recuperado el 22 de Septiembre de 2019, de https://www.usfq.edu.ec/publicaciones/para_el_aula/Documents/para_el_aula_08/pea_008_0010.pdf

Ugalde, M. d. (1989). El lenguaje Caracterización de sus formas fundamentales. LETRAS(20-21), 15-34. Recuperado el 24 de Septiembre de 2019, de https://www.revistas.una.ac.cr/index.php/letras/article/view/3647

Vaqueiro Romero, M. M. (7 de Septiembre de 2012). Ciberlenguaje juvenil en las redes sociales. Recuperado el 21 de Septiembre de 2019, de oei.es: https://www.oei.es › historico › comunicacionesPDF › Vaqueiro_Montserrat

CONSTRUCCIÓN DE IDENTIDADES EN LA JUVENTUD: LOS FANDOMS Y LAS CELEBRIDADES COMO MODELOS DE IDEALIZACIÓN EN EL SIGLO XXI.

Youth's identity construction: Fandoms and celebrities as models of idealization in the XXI century.

ROMERO, Nathaly M.[15]

PINILLA, Tatiana.[16]

Resumen

En la actualidad, la construcción de la identidad de la juventud se ve influenciada por agentes externos como las celebridades, quienes a través de los medios de comunicación propagan ideologías y estereotipos. El internet y las redes sociales han permitido la creación de *fandoms* que posibilitan una cercanía entre los famosos y sus seguidores. En este escrito, se ejemplificarán algunas relaciones entre cantantes y sus *fans* por medio de su música y la imagen que proyectan.

Palabras clave: IDENTIDAD, JUVENTUD, *FANDOM*, CELEBRIDADES

---

[15] Estudiante de IV semestre de Negocios y Relaciones Internacionales. Facultad de Ciencias Económicas y Sociales. Universidad de La Salle. Bogotá, Colombia. Emails: nromero48@unisalle.edu.co / nathalyromero29@gmail.com

[16] Estudiante de IV semestre de Negocios y Relaciones Internacionales. Facultad de Ciencias Económicas y Sociales. Universidad de La Salle. Bogotá, Colombia. Emails: tpinilla20@unisalle.edu.co / tatianapinilla17@gmail.com

Abstract

Currently, the construction of identity of the youth is influenced by external agents such as celebrities, who through the media spread ideologies and stereotypes. The internet and social networks have allowed the creation of fandoms that make possible a nearby relationship between celebrities and their followers. In this paper, some relationships between singers and their fans will be exemplified through their music and the image they project.

Key words: IDENTITY, YOUTH, FANDOM, CELEBRITIES

1. INTRODUCCIÓN

Algunas afirmaciones como la que señala que la identidad de la juventud se ve influenciada por el contexto en el que se desarrolle, son comunes en la sociedad.

Cisternas (2017), al hablar del tema, plantea que "en la etapa de exploración, el adolescente emprende una búsqueda consciente y activa de alternativas que lo ayuden a resolver su crisis de identidad." (p.29).

En la actualidad, lo anterior se relaciona directamente con los medios de comunicación y la propagación de ideologías y estereotipos.

Ruiz, López y Escobar (2011), afirman que "en todos los aspectos relacionados con el Ideal estético: belleza, roles de género, modelos e íconos, cuerpo real y cuerpo ideal o imaginario, se puede comprobar una influencia marcada de la televisión en los imaginarios que los jóvenes construyen." (p.21).

De tal manera, se podría reflejar como hay cierta influencia por parte de agentes externos, especialmente de celebridades.

Como se mencionaba anteriormente, se puede decir que los medios de comunicación han sido uno de los mecanismos más efectivos para la divulgación de distintas temáticas.

De acuerdo a Aguaded (2017), se entiende que "los medios y las redes sociales operan como plataformas cruciales para fabricar y distribuir los valores culturales encarnados por las celebridades." (p.18).[17] Esto se explica mediante una supuesta cercanía a distintas figuras del mundo del espectáculo.

Para Cisternas (2017), en lo que respecta al "desarrollo de internet y redes sociales ha hecho emerger nuevas formas de relacionarse con los `famosos´ y ha dado lugar al surgimiento de nuevas categorías de celebridades." (p.382). Por lo que tal «conexión» entre la juventud y las celebridades sería fundamental para la toma de decisiones y la construcción de identidades.

En los últimos años, han surgido diferentes personajes que se han destacado por sus polémicas carreras e innovación en la industria del espectáculo, generando la admiración de las personas, especialmente de los jóvenes, quienes los idealizan y tienen como sus modelos a seguir, queriendo saber cada aspecto o detalle de su vida. Lo expuesto por Plaza (2005), con respecto a la imagen que proyectan las celebridades, nos damos cuenta que:

---

[17] La versión en inglés dice: *I start from the assumption that mass-mediated celebrity culture produces and encodes identities through the technologies of gender, sexuality and race that account for dominant cultural-political inscriptions on bodies as well as the moulding of master subjectivities.*

> Las revistas para adolescentes tratan a estos jóvenes como auténticos ídolos dignos de ser imitados. Todo en ellos (su apariencia, su personalidad, sus gustos, sus opiniones...), se hace acreedor del favor y la atención de las lectoras. En definitiva, los famosos trascienden como modelos, prototipos deseables socialmente (Plaza, 2005, p. 47)

Los ámbitos o temas más comunes en el mundo del espectáculo son la sexualidad, el dinero, las drogas y el sexo. La influencia de estos famosos ha sido tal, que sus seguidores cambiaron sus perspectivas sobre estos temas e incluso han tenido tanto impacto, que dejaron de ser un tabú, de acuerdo con Aguaded (2017), se entiende que:

> En las obras sobre las contribuciones de estos artistas a la cultura popular, es importante centrarse sobre las formas en que los estudios de celebridades nos hacen pensar sobre la construcción de identidad y la necesidad de integrar categorías de diferencia (género, raza y sexualidad) en el análisis de estrategias de representación. (Aguaded, 2017, p.18) [18]

Debido a que las celebridades han tratado estos temas como aspectos normales de su vida, al parecer, sus seguidores han asumido una nueva perspectiva frente a ellos, de esta manera se visualizan como contenidos más comunes.

---

[18] La versión en inglés dice: *In the works on these artists' contributions to popular culture, it is important to focus on the ways celebrity studies make us think about the construction of identity and the need to integrate categories of difference— gender, race and sexuality—into the analysis of representational strategies. In this respect, this academic discipline gives us much information about the productive function of celebrity.*

Para abordar estos conceptos, y entender su uso a través de los artistas; deben ser definirlos, de esta forma se puede obtener una visión más clara.

Conforme a la Organización Mundial de la Salud, (OMS) 2018, se entiende la sexualidad como:

> (...) un aspecto central del ser humano que está presente a lo largo de su vida. Abarca el sexo, las identidades y los roles de género, la orientación sexual, el erotismo, el placer, la intimidad y la reproducción. Se siente y se expresa a través de pensamientos, fantasías, deseos, creencias, actitudes, valores, comportamientos, prácticas, roles y relaciones, (...), la sexualidad está influida por la interacción de factores biológicos, psicológicos, sociales, económicos, políticos, culturales, éticos, legales, históricos, religiosos y espirituales. (OMS, 2018, p.3)

A lo largo de la historia, la sexualidad se ha visto limitada y reprimida, se consideraba como un tabú hablar sobre ella, se podía entender cómo un aspecto que se tenía que ocultar y que no debía ser hablado en de manera pública.

Por otro lado, la concepción del dinero puede comprenderse de diversas maneras, según Asmundson y Oner (2012), se entiende por tres ideas principales:

> Reserva de valor, lo que significa que la gente puede ahorrarlo y usarlo más adelante, distribuyendo sus compras a través del tiempo. Unidad de cuenta, proporcionando una base común para los precios. Medio de pago, algo que las personas pueden usar

> para comprar y vender entre sí. (Asmundson y Oner, 2012, p.52)

El dinero es un símbolo del éxito que las celebridades tienen, por medio de ello adquieren recursos materiales que en muchas ocasiones muestran como excentricidades, reflejando el poder económico que poseen y la fortuna que acumulan.

Uno de los aspectos más controversiales que algunos artistas han nombrado en sus canciones y que hacen alusión en sus vídeos musicales, es el tema de las drogas. De acuerdo a Caudevilla (s.f), este concepto puede definirse como "sustancia de uso no médico con efectos psicoactivos (capaz de producir cambios en la percepción, el estado de ánimo, la conciencia y el comportamiento) y susceptibles de ser autoadministradas." (p.2). El autor utiliza esta definición para establecer una campo de acción y entendimiento más amplio.

Continúa Caudevilla (s.f), explicando que "el que sea el propio individuo quien se administra la sustancia sin prescripción médica y que el objetivo sea distinto al de la curación de una patología." (p.2). Por lo tanto, se podrá identificar que algunos artistas exponen y hacen alusión al uso de las drogas.

Lo anterior puede ser observado en los escenarios con los cantantes de rap, tal como lo menciona Gonzáles (2017), que a pesar de que las drogas sean un tema constante en sus canciones, algunos han tratado de cambiar su perspectiva frente a este tema:

> Durante años, la música rap ha glorificado el uso de sustancias, retratando el drogarse como una actividad con pocas consecuencias. Aunque esta tendencia

continúa, más raperos hoy están usando sus plataformas para difundir la conciencia sobre la adicción y las enfermedades mentales. (Gonzáles, 2017, p.2)[19]

Así mismo, se hace referencia a la noción del sexo, debido a que es un tema común en el mundo del entretenimiento. Para la OMS (2018), este término se refiere a:

> El sexo son las características biológicas que definen a los seres humanos como hombre o mujer. Estos conjuntos de características biológicas tienden a diferenciar a los humanos como hombres o mujeres, pero no son mutuamente excluyentes, ya que hay individuos que poseen ambos. En el uso general de muchos idiomas, el término «sexo» se utiliza a menudo en el sentido de «actividad sexual», aunque para usos técnicos en el contexto de la sexualidad y los debates sobre salud sexual se prefiere la definición anterior. (OMS, 2018, p.3)

Como se mencionó anteriormente, puede decirse que este es uno de los temas más comunes abordados por las celebridades, además de utilizarlo en letras de canciones para demostrar que no debe considerarse como un tabú en la sociedad y tratan de que las personas no teman hablar acerca de este.

Todos estos hechos resultan de interés investigativo debido al aparente control que podrían poseer sobre las mentes de los jóvenes. A través del uso de los

---

[19] La versión en inglés dice: *For years, rap music has glorified substance use, portraying getting high as an activity with little consequence. Although this trend continues, more rappers today are using their platforms to spread awareness for addiction and mental illness.*

conceptos anteriormente mencionados, las celebridades presentan nuevas formas de entender y ver el mundo que, al parecer, a los adolescentes les parecen interesantes e intrigantes. De igual manera, los medios de comunicación, las redes sociales y las revistas presentan sus apariencias y vidas como deseables, como «modelos a seguir».

Puede inferirse que los artistas que más influencia tienen sobre la mente y las acciones de los jóvenes son aquellos que abordan temas controversiales como los mencionados anteriormente, también, porque tienen características «diferentes» de otras personas en el mundo del espectáculo que los hace distinguirse y adquirir más popularidad entre sus seguidores.

Se deduce que, entre algunas de estas características, podrían encontrarse: su manera de vestir, la actitud que tienen con sus *fans*, su apariencia, el estilo de sus vídeos musicales, entre otras, que ocasionan que las personas los recuerden con más facilidad y que siempre se busque saber que están haciendo.

Otro de los conceptos clave que se ha abordado ha sido el concepto de la identidad en la juventud y su construcción por medio de la influencia que ejercen los llamados *fandoms*, la importancia que han adquirido para las personas que participan y son parte de ellos y la manera en que sienten una «pertenencia» y «lealtad» hacia estos grupos y los artistas a los que admiran y consideran ídolos.

Con base en lo anterior, surge la pregunta: ¿De qué manera las celebridades influyen en la construcción de identidades juveniles?

Para responder esta interrogante se plantea como hipótesis que la juventud, al atravesar por un proceso de autoconocimiento y cambio; encuentran en las celebridades un modelo a seguir con características que los posicionan como ídolos.

Por consiguiente, los objetivos de esta investigación fueron, principalmente, reconocer las tácticas utilizadas a través de las celebridades para la construcción de identidades juveniles, analizar las estrategias por parte de los medios de comunicación para la propagación de ideologías y estereotipos en los jóvenes y describir las características que los jóvenes toman en cuenta para la formación de ideales.

2. METODOLOGÍA

Para ayudar a responder a la problemática y confirmar la hipótesis planteada, la investigación se apoyó la metodología cualitativa, específicamente de tipo documental, donde os contenidos seleccionados provienen de artículos, revistas, videos, canciones y otras fuentes. Adicionalmente se hizo énfasis en el uso del razonamiento deductivo.

De acuerdo a Monje (2011), en la investigación o método de tipo cualitativo, "los investigadores se aproximan a un sujeto real, un individuo real, que está presente en el mundo y que puede, en cierta medida, ofrecernos información sobre sus propias experiencias, opiniones, valores... etc." (p.32). De esta manera, se expondrán los criterios de los jóvenes sobre las celebridades a través de sus vivencias, sentimientos y pensamientos.

En primer lugar, se han definido los términos: juventud, identidad, *fan* y *fandom* para tener una mejor comprensión de cada uno de los aspectos que se tratarán.

En segundo lugar, se han enunciado algunos ejemplos relacionados con las temáticas de sexualidad, sexo, drogas y dinero, a partir de diferentes textos, canciones y videos que nos permitirán explicar que los jóvenes se ven influenciados por las celebridades y encuentran en ellos, un modelo a seguir.

Por último, se ha explicado la conformación de los *fandoms* como determinantes de tal influencia.

Por consiguiente, se han usado a autores como María Eugenia Villa, específicamente en su artículo "Del concepto de «juventud» al de «juventudes» y al de «lo juvenil»", publicado en el año 2011, el cual nos ayudó a comprender este concepto a partir del entendimiento del discurso histórico y social que lo define a partir del contexto correspondiente, ateniéndose a las sociedades y temporalidades en específico.

De igual forma, se ha hecho referencia al autor Rodrigo Cisternas, profesional de marketing, comunicación y antropología de consumo, específicamente en su tesis doctoral "La influencia del uso de celebridades en la publicidad y el valor simbólico de las marcas en la construcción de identidad en adolescentes. Los casos de Chile y Ecuador", publicada en el año 2017, ya que en ella se caracterizan diferentes referentes simbólicos que afectan el tema a tratar y como la expansión del internet y Así mismo de las redes sociales, han permitido que los famosos tengan un espacio en el que el público puede ser partícipe de sus vidas.

Conforme a Cisternas (2017), en la tesis mencionada anteriormente, "las marcas y particularmente las celebridades han encontrado en esta nueva cultura de socialización una fuente inagotable de audiencias hambrientas de información e interacción sobre sus vidas, sus actividades profesionales o las nuevas iniciativas emprendidas por sus personajes famosos preferidos." (p.84).

Constantemente, las personas, en especial los jóvenes se interesan por las actividades de sus artistas favoritos, convirtiéndose en grandes audiencias de sus vidas personales.

Continúa Cisternas (2017), explicando el rol que juegan las plataformas, "las redes sociales se han convertido en una ventana abierta para que todos se enteren de todo." (p.84). Las interacciones entre los *fans* y sus ídolos se han facilitado debido al uso de las mismas; simultáneamente, se exponen más las vidas de las celebridades, lo que genera que la invasión a su privacidad.

Por otra parte, Vanesa Aguaded en su tesis doctoral por su título en español, «La construcción de identidades en la cultura de las celebridades del siglo XXI: género, heteronormatividad y postfeminismo», publicada en el año 2017, habla sobre cómo las celebridades reflejan la ideología dominante y como al mismo tiempo se relaciona con los valores y relaciones de género de la sociedad occidental.

De igual manera, las autoras Yanina Torti y Ana María Schandor, licenciadas de la Universidad Nacional de Quilmes, son relevantes para nuestra investigación, ya que hablan en su artículo "El reino más grande del mundo: la existencia del *fandom* como fenómeno cultural", publicado en el año 2013, sobre la masificación de las industrias culturales y cómo a partir de las nuevas tecnologías, se llevó la admiración a un nivel superior, donde los *fans* tienen su propio reino, su propio *fandom*, en el que miles de personas se pueden identificar.

Según Torti y Schandor (2013), al hablar del fenómeno de los *fandoms* debe comprenderse que:

> (...) no es solamente un ferviente consumidor de lo que sigue. A partir del surgimiento de las nuevas tecnologías y de la capacidad de hacer doméstico su uso, diversas herramientas de software lograron poner a disposición una nueva dimensionalidad para el otrora receptor: la capacidad de producir y compartir sus creaciones con otros. (Torti y Shandor, 2013, p.4)

De este modo, se presenta una nueva dimensión para los *fans*, debido a que no se limitan sólo a admirar a sus ídolos sino que también tienen la capacidad de expresar y difundir sus ideas y pensamientos.

Por otro lado, el autor Juan Plaza Sánchez de la Universidad de Salamanca, realiza un escrito titulado "La influencia socializadora de los ídolos juveniles, los famosos de las revistas femeninas para adolescentes", publicado en el año 2005, en el que se habla sobre las influencias de los famosos que aparecen en estas revistas y cómo estos afectan el comportamiento y puntos de vista de las adolescentes, ya que estas se ven expuestas ante las opiniones de sus ídolos frente a diversas temáticas.

Lo expuesto por Plaza (2005), las revistas presentan a las celebridades como modelos a seguir, "de la misma forma, los medios de masas también proporcionan al público «figuras humanas ideales» como modelos a los que admirar e imitar, patrones de identificación." (p.48). Es importante para los jóvenes tener dicha influencia para la socialización con otras personas de su edad.

Del mismo modo, también se incluyeron referencias a un video publicado por Radio.com publicado en el año 2013, en el que hablan con los *fans* de la banda inglesa, *One Direction*, para deducir su impacto en la juventud. Sus *fandom*, llamados *Directioners*, se han ganado la reputación de ser uno de los grupos de fanáticos más dedicados de la era del Internet.

En última instancia, se habló sobre canciones seleccionadas de algunos artistas que nos permiten entender los temas que tratan en ellas y cómo estas podrían afectar en la construcción de la identidad de los jóvenes.

La primera canción fue *Little things* de la banda británica/irlandesa *One Direction* lanzada en el año 2012 del álbum *Take me home*. Sciarretto (2012), de *PopCrush* se refiere a ella:

> Es una canción dulce que todos los *Directioners* se quedarán deseando que su miembro favorito de los cinco les esté cantando, (...), no te hará bailar, pero puede hacerte sentir amado y eso es igual de importante, especialmente cuando tienes 15 años. (Sciarretto, 2012, p.1)[20]

---

[20] La versión en inglés dice: *It's a sweet song that all Directioners will be left wishing their favorite member of the fivesome is singing to them.(...) It won't make you dance, but it might make you feel loved and that's just as important, especially when you are 15.*

La segunda canción fue *Born this way* de la cantante norteamericana Lady Gaga lanzada en el año 2011, del álbum denominado de la misma manera. Según Genius (s.f), allí se explica la influencia de la cantante con respecto a la auto-liberación y el amor a sí mismo, sin importar la raza, género o sexualidad, criticando cualquier postura basada en prejuicios religiosos.

La tercera canción fue Narcos del trío estadounidense de música urbana, Migos, lanzada en el año 2018, del álbum Culture II. Según Borrás (2017), esta agrupación ha tenido un gran éxito ya que:

> (...) ese mainstream es muy poderoso y, ahora, ¿qué escuchan todos los adolescentes del mundo entero? Correcto, *trap*. Esas bases arrastradas, los graves, los pitidos de fondo (*whooo!*) y las letras de cortar droga, vestir de Gucci y compartir con las lumis. (Borrás, 2017, p.1)

De igual manera es importante resaltar que la orientación que se brindó a esta investigación fue de carácter praxeológica.

Según Juliao (2013), a propósito de esa orientación, menciona que "la praxeología se entiende como un discurso (logos) construido después de una seria reflexión, sobre una práctica particular y significante (praxis); como un procedimiento de objetivación de la acción, como una teoría de la acción." (p.27).

Continua Juliao (2013), explicando que:

> Por el tipo de análisis que realiza, pretende hacer que dicha praxis sea más consciente de su lenguaje, de su funcionamiento y de lo

que en ella está en juego, sobre todo del proceso social en el cual el actor o practicante está implicado. (Juliao, 2013, ídem)

Puede decirse entonces que este enfoque, permitió hallar la relación que tienen las prácticas y conductas de los jóvenes con respecto a la influencia que ejercen las celebridades sobre su comportamiento.

Por otra parte, se combinó con una orientación ontológica ya que se incluyeron conceptos de la realidad que permiten a la juventud guiarse y encontrar el conocimiento del ser.

Para Bédard (2003), se entiende que "la ontología comprende los paradigmas fundadores, considerados como los puntos de vista comunes compartidos por varias personas sobre un tema, en un momento y en un lugar dados." (p.83).

De tal manera, se podrían entender las opiniones de los jóvenes acerca del mundo del entretenimiento y como este afecta y modifica sus perspectivas.

3. RESULTADOS

Para abordar la temática se hace necesario definir los conceptos claves para la investigación, los cuales son: la juventud, la identidad, los *fandoms* y las celebridades.

3.1. Juventud

Conforme a Villa (2011), se puede definir el concepto de juventud como "una condición social con cualidades específicas que se manifiestan, de diferentes maneras, según la época histórica y la sociedad específicamente analizada en cada época" (p.149). De este modo, se podría entender el comportamiento y la manera de pensar de los jóvenes de acuerdo al entorno y el contexto en el que se desarrollen.

Según Fandiño (2011), la definición de juventud puede corresponder a:

> El psicoanálisis, por ejemplo, plantea a la adolescencia como una fase de cambio que implica lo que se ha llamado el "segundo nacimiento". La sociología y la antropología, en cambio, afirman que la juventud es una construcción histórico-social, producto del conjunto de relaciones instituidas en una sociedad determinada. (Fandiño, 2011, p.150)

Los jóvenes se caracterizan por el entorno en el que viven, además de las condiciones sociales, culturales, políticas, económicas, entre otras, que definen el carácter con el que actúan y que los diferencia de otras generaciones o grupos en la sociedad.

3.2. Identidad

Se considera, en esta investigación que la identidad es esencial para lograr un reconocimiento y diferenciación de otras personas. De acuerdo a Moro (2009), se entiende este concepto como:

> La identidad es considerada como un fenómeno subjetivo, de elaboración personal, que se construye simbólicamente en interacción con otros. La identidad personal también va ligada a un sentido de pertenencia a distintos grupos socio-culturales con los que consideramos que compartimos características en común. (Moro, 2009, p.18)

De esta manera, se puede explicar cómo los jóvenes tienen la necesidad de pertenecer a algún grupo y Así mismo formar una identidad a través de distintas creencias, gustos y valores compartidos.

Para Duffet (2013), el término *fan* se define como "una persona con una convicción emocional positiva relativamente profunda sobre alguien o algo famoso, generalmente expresada a través del reconocimiento del estilo o la creatividad, (...), los fanáticos encuentran sus identidades envueltas con los placeres relacionados con la cultura popular." (p. 18).[21] Por lo que este término nos permite entender la relación y la dinámica entre la juventud, la identidad y las celebridades.

3.4. *Fandom*

El término *fandom* es un tema central para entender el impacto que tiene en la juventud, por lo que Torti Frugone y Schandor (2013), hablan de su significado: "*fandom* es la contracción de dos palabras anglosajonas: *Fan* (fanático) y *kingdom* (reino). El Reino del Fan surge para categorizar a todos aquellos individuos que se reúnen en grupos por preferencias en común, y que comparten gustos estéticos entre sí." (p.3). De tal manera, podemos explicar su relevancia en la formación de identidades.

En el texto expuesto por Busquet (2012), acerca de los *fans* e ídolos mediáticos, menciona a John B. Thompson, quien considera que:

---

[21] La versión en inglés dice: *a person with a relatively deep, positive emotional conviction about someone or something famous, usually expressed through recognition of style or creativity. (...) Fans find their identities wrapped up with the pleasures connected to popular culture.*

> (...) el fenómeno fan (el fandom) debe entenderse como un hecho social normal surgido en el contexto ordinario de la vida cotidiana de muchas personas que, en determinados momentos, viven de manera apasionada y obsesiva su afición y que organizan buena parte de su actividad diaria en función a ella. (Busquet, 2012, p.23)

De este modo, podemos entender que los *fandoms* son el conjunto de *fans* que comparten sus aficiones sobre un tema específico, en el que tales gustos le dan otro significado y forma a su vida.

Continuando con Busquet (2012), se entiende el significado de *fandom* como "una trascendencia especial en la época de la adolescencia dado que el joven pasa una etapa de transición especialmente intensa y necesita (re)afirmarse, con lo que puede convertir a sus ídolos mediáticos en un referente constante en su vida." (p.24). Debido a los diferentes cambios que se atraviesan en la juventud, surge una necesidad de identidad con un grupo.

3.5. Ejemplos

3.5.1. *One Direction*

Según la página web Buena Música (s.f), *One Direction* es una *boyband* británica-inglesa formada en el concurso de música *The X Factor* en el año 2010 en Londres, Reino Unido. Esta fue inicialmente conformada por *Harry Styles, Louis Tomlinson, Liam Payne, Niall Horan y Zayn Malik*, quien abandonó la banda en marzo de 2015 para convertirse en solista. El grupo firmó con el sello discográfico de *Simon Cowell, Syco Records*, después de haber terminado tercero en la competencia.

Debido a la gran fama de esta banda, como lo expresa Sanguino (2019), para la revista *Vanity Fair*, con respecto a su popularidad:

> Quedaron terceros, pero para cuando salieron de X Factor ya eran un fenómeno sin haber sacado ni un solo single, (...), además de ser pioneros en redes sociales también fueron la primera *boy band* del actual mercado de consumo diversificado: *One Direction* solo existía para sus fans. (Sanguino, 2019, p.2)

Es así como surgió un grupo de *fans* conocidas como *Directioners*, quienes desde la formación de la agrupación en el año 2010 se han convertido en uno de los *fandoms* más grandes y reconocidos en el mundo. De acuerdo a Kelsey (2016), una de las razones de esto, es su constante presencia en las redes sociales, "las Directioners tienen un sistema complejo de tendencias de noticias en Twitter que se basa en una intensa inversión emocional para sus ídolos, (...), usan Twitter para mantener la relevancia de *One Direction* en la cultura pop." (p.4).[22] Siendo esta red social, una de las más usadas por los *fandoms* para entablar contacto son sus ídolos y con otros fans alrededor del mundo.

De acuerdo al vídeo de Radio.com (2013), en el que se les realiza diferentes preguntas a algunas fans que se encontraban haciendo fila para uno de sus conciertos, ellas expresan que *One Direction* les ofrece confianza en sí mismas por medio de sus canciones, ya que al vivir en una sociedad tan

---

[22] La versión en inglés dice: *Directioners have a complex system of news trending on Twitter that is built on an intense emotional investment to their idols, (...), use Twitter to maintain One Direction's relevance in pop culture.*

crítica, muchos tienden a ser inseguros y tener baja autoestima, por lo que dicen que ellos le transmiten que cada persona es hermosa a su forma (min 3:30)[23]. Esto es muy importante y explica el mensaje que puede dejar un artista en sus *fans* y cómo estos, cambian su forma de pensar.

Esto puede ser explicado por medio de la canción de *One Direction* (2012), denominada *Little things*, siendo esta una de las más significativas para las *Directioners*, la cual dice:

> Nunca te querrás a ti misma, / la mitad de lo que te quiero yo, / nunca te tratarás bien a ti misma cariño, / pero quiero que lo hagas, / si te hago saber, que estoy aquí para ti, / quizás te quieras a ti misma, / como yo te quiero a ti. (One Direction, 2012, min 2:16)[24]

Esta interpretación, escrita por el cantante británico Ed Sheeran, podría explicar una de las razones por la cuales las *fans* descritas en el video de Radio.com (2013), al parecer, se sienten identificadas con la canción de tal manera, que la letra de las canciones deja de ser lírica y se convierte en una conversación directa entre la *boyband* y las *Directioners*.

3.5.2. *Lady Gaga*

Según la página web *Famous Birthdays* (s.f), Lady Gaga es una cantante neoyorquina de 33 años de edad, la cual nació bajo el nombre de Stefani Joanne Angelina Germanotta. Se lanzó a la fama en el año 2008 con la canción *Poker Face* y a partir de ese momento, ha ganado múltiples premios Grammy

---

[23] Véase en YouTube: https://www.youtube.com/watch?v=RLL4L3KHjF8&list=WL

[24] La canción en inglés dice: *"You'll never love yourself / Half as much as I love you / You'll never treat yourself right, darling / But I want you to / If I let you know, I'm here for you / Maybe you'll love yourself / Like I love you"*

y se ha hecho popular por su peculiar estilo para vestirse.

Es relevante mencionar que esta artista es una cantante importante que permitirá ejemplificar el impacto que puede tener un artista en la juventud, especialmente con respecto a la sexualidad, ya que en sus canciones se abarcan temas como las identidades y la orientación sexual.

Por tal razón, en este caso se habla de la canción *Born this way*, la cual dice:

> (...) no importa si eres gay, heterosexual o bisexual / lesbiana o transexual. / Estoy en el camino correcto / nací para sobrevivir. / No importa negro, blanco, beige, / mestizo u oriental / estoy en el camino correcto nena / nací para ser valiente. (Gaga, 2011, min 3:01).[25]

De tal manera, la canción expresa una auto-liberación y como cada persona se debería amar a sí mismo, sin importar la raza, género o sexualidad.

Según Campoy (2018), con respecto al álbum denominado igual que la canción:

> El disco contenía letras muy claras y explícitas contra la homofobia, contra el racismo, muy a favor del feminismo, (...), este disco ayudó a que muchísimos jóvenes se aceptasen y marcó a toda una generación de jóvenes a ser ellos mismos y a abrazar la libertad. (Campoy, 2018, p.3)

---

[25] La canción en inglés dice: *"No matter gay, straight, or bi/ Lesbian, transgender life/I'm on the right track, baby/ I was born to survive/ No matter black, white, or beige/ Chola or orient made/ I'm on the right track, baby/ I was born to be brave!"*

De igual manera es relevante mencionar que este es uno de los temas principales de la cantante, por lo que demuestra el impacto de su mensaje.

Es importante resaltar que su *fandom*, denominado *Little Monsters,* se han expresado como lo demuestra Billboard (2015), quien se han dirigido hacia un fanático de la cantante, preguntando lo que significaba Lady Gaga para ellos:

> Los *Little Monsters* son más que un fandom, somos una familia. Hemos estado apoyando a Lady Gaga desde el primer día, crecimos juntos y compartimos tanta pasión y amor, (...), todos creemos en la importancia del amor, la compasión y la tolerancia. Realmente estamos tratando de hacer del mundo un lugar mejor. (Billboard, 2015, p.2)[26]

Podría inferirse que a partir de los mensajes de las diferentes canciones de *Gaga*, sus fans se ven influenciados por ellos y comienzan a tener perspectivas diferentes sobre aspectos de identidad. Agregando que además de tener una gran diversidad dentro de su *fandom*, todos tienen algo en común y es su admiración hacia la cantante.

3.5.3. Migos

Según la página web Buena Música (s.f), Migos es un trío de cantantes de *hip-hop* que provienen de *Lawrenceville, Georgia,* Estados Unidos. Sus integrantes son conocidos artísticamente como

---

[26] La versión en inglés dice: *"Little Monsters are more than a fandom, we are a family. We have been supporting Lady Gaga since the very first day, we grew up together, and share so much passion and love. (...) We all believe in the importance of love, compassion and tolerance. We are genuinely trying to make the world a better place."*

Quavo (Quavious Marshall), Offset (Kiari Cephus) y Takeoff (Kirshnik Ball).

Esta agrupación ha tenido en los últimos años un gran reconocimiento, como lo expresa Andrade (2018), de la revista *Rolling Stone* "su álbum Culture fue considerado el noveno mejor disco de 2017 para *ROLLING STONE*, y el segundo de hip hop" (p.1), por lo que se puede decir que gracias al éxito de sus canciones han tenido una gran acogida en el público. De esta manera, es importante resaltar que la mayoría de sus canciones trata temáticas relacionadas con el sexo, las drogas y el dinero.

Un ejemplo de lo anterior se puede ver en la canción denominada *Narcos*, la cual en su coro dice: "Atrapado como un narco / Tengo droga como Pablo / Corté la garganta como Pablo" (min 0:16)[27]

La canción continúa y en uno de sus estribillos, el trío Migos (2018), menciona:

> Mata a toda su familia si se escapa con tu paquete / Acabo de poner un paquete de camino a Bogotá / Sacar sus ojos, no es sin decir lo que vio / Voy a cablear su mandíbula, no sé si va a hablar / Toma la motosierra y voy a cortarle las piernas. (Migos, 2018, min 3:26)[28]

Al parecer, esta canción generó una gran polémica, incluso entre los mismos artistas ya que, según la página web de Caracol Televisión (2018), el cantante

---

[27] La versión en inglés dice: "*Trapping like the narco / Got dope like Pablo / Cut throat like Pablo*"

[28] La versión en inglés dice: *Kill his whole family if he run off with your package / I just put a pack on the way to Bogota / Poke his eyes out, ain't no tellin' what he saw / I'ma wire his jaw, I don't know if he will talk / Get the chainsaw and I'ma saw his legs off*

colombiano J Balvin declaró su posición frente a esta canción:

> La forma en la que hablan sobre Pablo y el modo en el que hablan acerca de ser narcos. Ellos ni siquiera saben cuán duro fue en esos tiempos. Él detuvo los sueños de las personas y ahora estamos intentando renacer de ese pasado. (Caracol Televisión, 2018, p.2)

De acuerdo a Vuolo, Uggen y Lageson (2013), con respecto a la temática de drogas "nada de esto sugiere que la sustancia y la forma de géneros musicales específicos provoquen el consumo de drogas. Más bien, argumentamos que muchos adolescentes y adultos jóvenes forman identidades dentro y alrededor de las escenas de escuchar música." (p. 10)[29]

Como se expresa anteriormente, no se sugiere que dichas canciones y videos musicales tengan una influencia directa en el comportamiento de los adolescentes o incite a que lleven a cabo acciones relacionadas con las temáticas que se abordan en ellas, sin embargo, se puede manifestar que los jóvenes buscan parecerse a sus artistas favoritos y por lo tanto, en algunas ocasiones suelen verse involucrados en escenarios y ambientes similares a los expresados por dichos personajes.

3.6. Discusión

Esta investigación estuvo dirigida a entender la construcción de identidades en la juventud a partir de la idealización de las celebridades y la

---

[29] La versión en inglés dice: *None of this is to suggest that the substance and form of specific musical genres causes drug use. Rather, we argue that many teens and young adults form identities within and around music-listening scenes*

conformación de *fandoms*. Es importante mencionar que existen escritos similares al nuestro, sin embargo, poseen un enfoque diferente al que tratamos de darle al texto.

La tesis doctoral de Rodrigo Cisternas, publicada en el año 2017, se encamina hacia el marketing y la publicidad, pero posee elementos fundamentales que consideramos relevantes y sirvieron de ayuda en la profundización de nuestro trabajo. De esta manera, nos parece relevante continuar con la investigación a partir de casos específicos, como lo realiza el autor nombrado anteriormente al limitarse a dos países latinoamericanos.

Los hallazgos encontrados han sido relevantes para la investigación, sin embargo, es necesario ampliar los conceptos de juventud, identidad, *fan* y *fandom* para un mejor entendimiento de la temática. Al mismo tiempo, se considera relevante abarcar una mayor cantidad de ejemplos ya que en el presente escrito sólo se tomaron en cuenta a tres artistas y por tanto, se omite una gran variedad de artistas y la manera en que ellos influencian a los jóvenes.

Así mismo, se podría especializar en algún género de música que permitiría establecer las diferencias entre algunos artistas sobre temas específicos. Por ejemplo, al hablar sobre el consumo de drogas, se podría limitar al *hip-hop*, *rap* o *rock* tomando sus representantes más importantes, las letras de sus canciones y el análisis del comportamiento de sus seguidores con respecto a tal asunto.

Por otro lado, las celebridades se limitaron a cantantes pero se podría mencionar otras personalidades famosas como deportistas, actores, modelos, bailarines, entre otros personajes que podrían tener cierta influencia en la juventud.

En último lugar, se considera conveniente dar otra orientación a los *fandoms*, incluyendo a los grupos de fanáticos de series, películas y libros, debido a la importancia que han adquirido en la actualidad y su repercusión en las redes sociales; ya que es posible que los seguidores se vean influenciados por las temáticas que se abordan en ellas y creen escenarios en los cuales pueden compartir sus ideas e interactuar con personas de las que también son *fans*.

4. CONCLUSIONES

Como pregunta de investigación, se planteó responde de qué la manera las celebridades influyen en la construcción de identidades juveniles, donde se propuso, como posible respuesta, que la juventud al atravesar por un proceso de autoconocimiento y cambio, encuentra en las celebridades un modelo a seguir con características que los posicionan como ídolos.

Esta hipótesis pudo ser confirmada, ya que podría decirse que los jóvenes, al experimentar una etapa de cambios, ven la necesidad de encontrar un escape a su cotidianidad, hallándola. En algunos casos, en las redes sociales.

En las redes sociales ellos pueden expresar sus opiniones con personas que comparten sus gustos, generando comunidades como los *fandoms*; los cuales les permiten construir sus propias identidades a través de las relaciones ídolo-*fan*.

A través las redes sociales, especialmente Twitter, los fans pueden compartir y expresar sus opiniones.

Conforme a Kelsey (2016), en ese escenario para entablar comunicaciones:

> Se pueden hacer implicaciones que sugieran que un *fandom* grande y global como *Directioners* tiene la capacidad de: 1) continuar moldeando la forma en que se usan las redes sociales para obtener y difundir noticias; 2) Proporcionar información valiosa para los profesionales de la industria en términos de marketing y estrategias de promoción; y 3) potencialmente hacer una diferencia en el mundo al crear conciencia sobre temas de noticias más allá de solo One Direction. [30] (Kelsey, 2016, p.4)

Aunque Kelsey (2016), hace referencia a las *Directioners*, diversos *fandoms* también participan de manera activa en la propagación de noticias acerca de sus artistas favoritos para interactuar con aquellos que comparten sus gustos y para que otras personas puedan conocerlos y saber de ellos.

De igual manera, podría decirse que la identidad de los jóvenes se vería influenciada por los temas y las acciones que sus ídolos realicen, por ello encuentran el sentido de pertenencia en un grupo, que los hace sentir bienvenidos. Según Crisóstomo (2016), se presenta la importancia del *fandom* como: "si bien no se trata de algo nuevo ni perteneciente en exclusiva al campo de la serialidad, (...), sí que es cierto que ha evolucionado hasta convertirse en uno

---

[30] La versión en inglés dice: *Implications can be made suggesting that a large and global fandom like Directioners has the ability to: 1) continue shaping the way social media is used to obtain and spread news; 2) provide valuable insight for industry professionals in terms of marketing and promotion strategies; and 3) potentially make a difference in the world by raising awareness on news topics beyond just One Direction.*

de los elementos clave de la cadena alimenticia serial" (p.1)

Acorde con el interés que se tenga en la celebridad o artista, se presenta una mayor aproximación, conforme con Horton y Wohl (1956), citados por Rivero (2017), mencionan que la relación que los *fans* entablan con sus ídolos es de una «ilusión» y que por ello, consideran a la persona que siguen y admiran como atractiva, sincera, amistosa e irreemplazable.

De esta manera, podría deducirse que una de las estrategias por parte de los medios de comunicación para la propagación de ideologías y estereotipos en los jóvenes.

También se puede inferir que los jóvenes buscan encajar en un lugar o grupo, por ello se sienten bien y satisfechos al ser aceptados por otros de su misma edad que compartan sus intereses.

Según Rivero (2017), se presentan una admiración por alguien porque "las personas que establecen este tipo de relaciones unilaterales hacia un famoso o famosa, buscan un entretenimiento, luchar contra la soledad y establecer un objetivo en su vida". (p.144).

Finalmente, podría decirse que la juventud establece vínculos con sus ídolos, quienes podrían llegar a ejercen influencia en su forma de pensar, actuar y sentir.

5. RECOMENDACIONES

Con base a los resultados y las conclusiones, se recomienda:

- Continuar con una investigación cualitativa acerca de la influencia que ejercen las celebridades y artistas en la construcción de la identidad de los jóvenes, debido a la importancia socio-cultural que posee para explicar algunos comportamientos que los adolescentes pueden llegar a adquirir.

- Ampliar la investigación acerca de diferentes *fandoms* que se han creado a través de los años y sus respectivas características, para comprender el alcance que tienen alrededor del mundo y así mismo los artistas a los que siguen.

- Realizar una investigación con un enfoque metodológico documental, por medio del cual, se pueda conocer la interacción que tienen los *fans* con sus respectivos ídolos, para lograr un mayor entendimiento de las relaciones que entablan y la manera en que estas llegan a influir en el desarrollo de los jóvenes.

- Analizar la repercusión que tienen las redes sociales y los medios de comunicación en la propagación de los ideales, esto podría realizarse mediante el análisis de la red social Twitter ya que esta es una de las plataformas más usadas por los *fandoms*.

- Desarrollar temáticas de interés para la juventud como lo son la sexualidad, las drogas y el dinero, para que exista una óptima comprensión de las circunstancias y problemáticas que experimentan en su cotidianidad y de esta manera, crear conciencia en ellos mismos y en la sociedad.

REFERENCIAS BIBLIOGRÁFICAS

Aguaded, V. (2017). *The construction of identities in 21st-century celebrity culture: gender, heteronormativity and postfeminism.* La construcción de identidades en la cultura de las celebridades del siglo XXI: género, heteronormatividad y postfeminismo (Tesis doctoral). Universidad de Huelva, Huelva, España. (Traducción libre)

Andrade, S. (2018). El éxito familiar de Migos. *Revista Rolling Stone.* Recuperado de https://www.rollingstone.com.co/principales/blog/el-exito-familiar-de-migos

Asmundson, I. y Oner C. (2012). ¿Qué es el dinero? Sin él, las economías modernas no podrían funcionar. *Vuelta a lo esencial: finanzas y desarrollo.* Recuperado de https://www.imf.org/external/pubs/ft/fandd/spa/2012/09/pdfs/basics.pdf

Bédard, R. (2003). EL ROMBO Y LAS CUATRO DIMENSIONES FILOSÓFICAS. *AD-MINISTER Universidad EAFIT,* (3), 68–88.

Billboard. (2015). *Lady Gaga Fan on Being a Little Monster: 'We Are Genuinely Trying to Make the World a Better Place'.* Recuperado de https://www.billboard.com/articles/events/fan-army/6633505/lady-gaga-fan-little-monster-fan-essay-army

Borrás, D. (2017). Quiénes son los Migos y por qué el mundo de la moda no para de hablar de ellos. Revista GQ. Recuperado de https://www.revistagq.com/moda/fashion-news/articulos/migos-musica-rap-quienes-son/26030

Buena Música. (s.f). *Biografía de One Direction.* Recuperado de https://www.buenamusica.com/one-direction/biografia

Busquet, J. (2012). El fenómeno de los fans e ídolos mediáticos: evolución conceptual y génesis histórica. *Revista de Estudios de Juventud*, 96, 13–30. Recuperado de http://www.observesport.com/desktop/images/docu/aj9xvk8h.pdf#page=14

Campoy, A. (2018). *Los replicantes*. Por qué 'Born This Way' es el disco más importante para los fans de Lady Gaga. Recuperado el 26 de septiembre de 2019 de https://www.losreplicantes.com/articulos/born-this-way-disco-mas-importante-little-monsters/

Caracol Televisión. (2018). *J Balvin responde firmemente a una pregunta sobre 'Narcos' y Colombia*. Recuperado de https://www.caracoltv.com/regias/virales/j-balvin-responde-firmemente-una-pregunta-sobre-narcos-y-colombia-ie4390

Caudevilla, F. (s.f). *DROGAS: CONCEPTOS GENERALES, EPIDEMIOLOGÍA Y VALORACIÓN DEL CONSUMO*. Grupo de Intervención en Drogas semFYC. Recuperado de http://www.comsegovia.com/pdf/cursos/tallerdrogas/Curso%20Drogodependencias/Drogas,%20conceptos%20generales,%20epidemiologia%20y%20valoracion%20del%20consumo.pdf

Cisternas, R. (2017). Celebridades y adolescentes, ¿unidos por las marcas?: El rol de las marcas y uso de celebridades y su influencia en los jóvenes. En A. Caro y M. Pacheco. (Ed). *I Congreso Iberoamericano de Investigadores en Publicidad*. (pp. 378-391). Quito, Ecuador: Ediciones Ciespal.

Cisternas, R. (2017). *La influencia del uso de celebridades en la publicidad y el valor simbólico de las marcas en la construcción de identidad en adolescentes. Los casos de Chile y Ecuador*. (Tesis doctoral).

Universidad Autónoma de Barcelona, Guayaquil, Ecuador.

Crisóstomo, R. (2016). *'FANNIBALS MINISTÉRICOS': EL PODER DEL 'FANDOM'*. *nº 6 (2) 2016 | Páginas 101-114*. Universitat Internacional de Catalunya, de Barcelona. Barcelona, España.

Duffett, M. (2013). *Understanding Fandom: An Introduction to the Study of Media Fan Culture*. Bloomsbury Publishing. Londres, Reino Unido.

Fandiño, Y. (2011). Los jóvenes hoy: enfoques, problemáticas y retos. Revista Iberoamericana de Educación Superior, 2(4), pp. 150-163. Recuperado de https://www.redalyc.org/pdf/2991/299124247009.pdf

Gaga, L. (2011). Born this way. En *Born this way* [CD]. Nueva York, EU.:Interscope Records y Streamline.

Genius. (s.f). Lady Gaga - Born this way lyrics. Recuperado de https://genius.com/Lady-gaga-born-this-way-lyrics

Gonzales, M. (2017) .Rap music and substance use: addiction and mental health. *DrugRehab*. Recuperado de https://www.drugrehab.com/featured/substance-use-and-rap-music/

Juliao, C. (2013). El enfoque praxeológico. *In Praxis Pedagógica* (Vol. 13). https://doi.org/10.26620/uniminuto.praxis.13.14.2013.141-145

Kelsey, N. (2016). *"Nobody Can #DragMeDown": An Analysis of the One Direction Fandom's Ability to Influence and Dominate Worldwide Twitter Trends*. University of Nevada, Las Vegas.

Migos. (2018). Narcos. En *Culture II* [Formato digital]. Quality Control Music, Motown Records y Capitol: Estados Unidos.

Monje, C. (2011). *Metodología de la investigación cuantitativa y cualitativa. Guía didáctica.* Universidad Surcolombiana. Neiva, Colombia.

Moro, L. (2009). Guía para la promoción personal de las mujeres gitanas: perspectiva psico-emocional y desarrollo profesional. *Materiales de Trabajo. Serie Mujeres, Nº 47*, 17–41. Recuperado de http://www.gitanos.org/publicaciones/guiapromo cionmujeres/pdf/03.pdf

One Direction. (2012). Little things. En *Take me home* [CD]. Windlesham, Reino Unido.: Syco y Sony

Organización Mundial de la Salud (OMS, 2018). *La salud sexual y su relación con la salud reproductiva: un enfoque operativo.* Human Reproduction Programme.

Plaza, J. (2005). *La influencia socializadora de los ídolos juveniles. Los famosos de las revistas femeninas para adolescentes.* Universidad Pontifícia de Salamanca, Salamanca, España.

Radio.com. (Productor). (2013). *This Is Us: One Direction Fans Explain Why They'll Do Anything For Their Favorite Boy Band.* [Youtube]. De https://www.youtube.com/watch?v=RLL4L3KHjF8& list=WL

Rivero, J (2017). *Análisis de la comunicación de las celebridades en la red social Twitter.* (Tesis doctoral). Universidad Complutense de Madrid. Madrid, España.

Ruiz, E., López, C. y Escobar, J. (2011). Los jóvenes, el ideal estético y la televisión "el cuerpo real y el imaginado". *Revista Luciérnaga, 3(6)*, 17-22, ISSN-e 2027-1557.

Sanguino, J. (2019). La maldición cumplida de One Direction. Revista Vanity Fair. Recuperado de https://www.revistavanityfair.es/cultura/entreteni

miento/articulos/one-direction-grupo-musica-maldicion-cumplida/37159

Sciarretto, A. (2012). One direction, 'Little Things'-song review. *Pop Crush*. Recuperado de https://popcrush.com/one-direction-little-things/

Torti Frugone, Y. y Schandor, A. M. (2013). *El reino más grande del mundo: la existencia del fandom como fenómeno cultural*. VII Jornadas de Jóvenes Investigadores. Instituto de Investigaciones Gino Germani, Facultad de Ciencias Sociales, Universidad de Buenos Aires. Buenos Aires.

Villa, M. E. (2011). Del concepto de" juventud" al de" juventudes" y al de" lo juvenil". *Revista Educación y Pedagogía*, 23(60), 147–157. Recuperado de http://dialnet.unirioja.es/servlet/articulo?codigo=4157845

Vuolo, M., Uggen, C. y Lageson, S. (2013). Taste clusters of music and drugs: Evidence from three analytic levels. *Forthcoming British Journal of Sociology*. Recuperado de http://users.cla.umn.edu/~uggen/Vuolo_Uggen_Lageson_BJS_13.pdf

LAS REDES SOCIALES, LAS RELACIONES INTERPERSONALES Y LOS JÓVENES DESDE EL 2004

Social networks, interpersonal relations and young people since 2004

MARTÍNEZ, Ivonne L.[31]

DUARTE, Erica P.[32]

BOHORQUEZ, Karoll A.[33]

Resumen: Las interacciones entre las personas y las redes sociales están inmersas en un contexto donde se debilitan las relaciones interpersonales. Dentro de este proceso, las redes sociales afectaron no sólo a los sistemas de acceso e intercambio de información, sino también a las relaciones interpersonales y las relaciones de unos con otros. Por lo tanto, concebimos adecuado implementar una metodología de tipo cualitativa y documental.

Palabras clave: REDES, SOCIALES, RELACIONES, INTERPERSONALES.

[31]Estudiante del IV semestre de Negocios y Relaciones Internacionales. Facultad de Ciencias Económicas y Sociales. Universidad de La Salle. Bogotá-Colombia. Email: ivmartinez93@unisalle.edu.co / lmartinezg1511@gmail.com

[32] Estudiante del IV semestre de Negocios y Relaciones Internacionales. Facultad de Ciencias Económicas y Sociales. Universidad de La Salle. Bogotá-Colombia. Email: eduarte59@unisalle.edu.co / paolaerica7@gmail.com

[33] Estudiante del IV semestre de Negocios y Relaciones Internacionales. Facultad de Ciencias Económicas y Sociales. Universidad de La Salle. Bogotá-Colombia. Email: kbohorquez59@unisalle.edu.co / karollb25@gmail.com

Abstract: Interactions between people and social networks are immersed in a context where interpersonal relationships are weakened. Within this process, social networks affect not only access and information exchange systems, but also interpersonal relationships and each other's relationships. Therefore, we think it is appropriate to implement a qualitative and documentary methodology.

Key words: SOCIAL, NETWORKS, INTERPERSONAL, RELATIONSHIPS.

1. INTRODUCCIÓN

Tomando Red Social (2010), del trabajo realizado por De Haro (2010), acerca de «educar para la comunicación y la cooperación social», las redes sociales son entendidas como "(...)estructuras compuestas por personas u otras entidades humanas las cuales están conectadas por una o varias relaciones que pueden ser de amistad, laboral, intercambios económicos o cualquier otro interés común" (p.204), también fue posible comprender que dentro de estas, algunas llegaron a ser más atractivas que otras, tal como lo afirma Flores, Morán & Rodríguez (2009), cuando en su texto acerca de las redes sociales afirman que "las redes sociales mueven el mundo, aunque evidentemente, algunas los mueven más que otras"(p.5).

Para poder retomar en conjunto lo que se pudo inferir acerca de las redes sociales, Sanz (2003), explica que "en definitiva, el «análisis de redes sociales» es un método, un conjunto de instrumentos para conectar el mundo de los actores (individuos, organizaciones, etc.) con las estructuras sociales emergentes que

resultan de las relaciones que los actores establecen"
(p.21).

Para Mota & Rivas (2015), en su investigación de la Universidad de Carabobo sobre las relaciones interpersonales, los autores las definen como "una necesidad primordial de cada individuo, por medio de estas podemos comunicarnos y expresar nuestros sentimientos, emociones, pensamientos y conocímientos, a su vez las relaciones interpersonales nos ayudan a desarrollarnos como personas plenas y completas" (p. 13). De esta manera, las relaciones interpersonales hicieron parte de nuestro día a día al mantener contacto con las otras personas y compartir información, como por ejemplo el saludo desde el primer día de la mañana. Adicionalmente, Wiemman (2011), en su texto sobre la comunicación en las relaciones interpersonales, afirma que "una relación significa también negociar las formas de vida e interacción en su conjunto para acomodar nuestras propias necesidades" (p. 14), es decir, se busca expresar sentimientos y emociones hacia los demás, pero también teniendo presente los intereses propios que mueven a mantener una conversación con las otras personas.

A medida que la tecnología evolucionó, los medios de comunicación también lo hicieron. Una muestra de ello fue el impacto que tuvieron las redes sociales en los jóvenes. Cada vez son menos las tradiciones familiares que se conservan y más las interacciones que se tiene a través de la web y como lo dice el autor Cáceres, Román, & Brändle (2009), la innovación tecnológica "no puede ser contemplada como agente de cambio en sí misma, sino desde los usos sociales y las prácticas de los sujetos que determinan la construcción de sentido alrededor de ella" (p. 213), la tecnología se da por su uso, al igual que la manera en que se comunica.

En los últimos años se desarrolló un creciente interés por el estudio del impacto social de Internet y, en concreto, por la relación que jóvenes y adolescentes mantuvieron con este medio. Parte de los datos que ofrecieron algunas investigaciones quedó rápidamente desfasada dada la aparición de nuevos servicios y dado el número creciente de usuarios de estos. En este sentido, Christakis (2010), afirma que "todavía hoy son escasas las investigaciones centradas en las redes sociales virtuales y el uso que de las mismas hacen los jóvenes" (p. 6), en concreto, son mínimas las referencias a las posibles diferencias en la forma en que chicos y chicas utilizan estas redes.

Para entender el desarrollo de las redes sociales, los elementos asociados a él y el cambio de paradigma en esta área, Smith (2012), afirma que es necesario revisar una definición sobre el concepto clásico de comunicación ya que:

> La comunicación es la interacción de las personas que entran en ella como sujetos. No sólo se trata del influjo de un sujeto en otro, sino de la interacción. Para la comunicación se necesita como mínimo dos personas, cada una de la cuales actúa como sujeto (Smith, 2012, p. 25).

De esta manera, la comunicación podría convertirse en una herramienta fundamental para la interacción entre los sujetos, siendo las redes sociales una plataforma que permite la relación entre sujeto-objeto.

1.1. Relación sujeto-objeto

A partir de lo anterior, se pudo inferir que las redes sociales provocaron el debilitamiento de las relaciones interpersonales, en este contexto, las redes sociales se comportaron como un «objeto» mediante el cual se llegó a generar un vínculo cercano con las personas «sujetos» pero desconociendo los efectos que esta acción pudo traer consigo. Sin embargo, el uso del internet se pudo evidenciar tanto en actos funcionales, como realizar compras online, ahorrando tiempo y dinero en los desplazamientos, como en daños colaterales como afirma Zygmunt Bauman, citado por Cáceres, Román, & Brändle (2009), al hablar de la «discapacidad social» como:

> (...) falta de habilidades relacionales o dificultad para tratar con seres humanos reales son manifestaciones que muestran muchos de aquellos que tienen «la cabeza enterrada en una marea de desktops, laptops, celulares y dispositivos que caben en la palma de la mano» (Cáceres, Román, & Brändle, 2009, p. 30).

La web como espacio de encuentro social/virtual apareció como el escenario en el que los jóvenes se presentaban ante los otros —amigos, compañeros, familiares e incluso desconocidos—, desde una personalidad digital —un perfil—, y, como lo menciona el autor Goffman (2001), "el sujeto se convierte en personaje con una fachada social que pone en escena a voluntad, cuando interactúa virtualmente en el ciberespacio"(p. 219), definiendo su identidad desde su página personal, fotografías, características físicas, rasgos sociodemográficos: sexo, edad, estatus socioeconómico, ocupación, gustos, aficiones, etc.

Algunos estudios sobre los efectos y consecuencias de la comunicación online sobre el bienestar psicológico y social de los jóvenes afirmaron que el uso de Internet para el contacto interpersonal fomenta la relación con personas desconocidas y dificulta las relaciones con amigos de contextos sociales no virtuales, éstas últimas más beneficiosas para el bienestar de los jóvenes, Kraut (1998). Estos resultados no excluyeron que los jóvenes menos habilidosos socialmente o que experimentaron ansiedad social utilizaron estas plataformas para entablar nuevas amistades y compensar así sus dificultades para entablar relaciones sociales.

Según Schouten (2007), la comunicación online no sólo promueve una mayor desinhibición a la hora de compartir ideas y preocupaciones entre aquéllos que son competentes socialmente, sino que Internet también es un entorno donde los jóvenes ansiosos socialmente se sienten menos inhibidos que en contextos reales.

1.2 Posibles situaciones de la relación sujeto-objeto

De esta manera, surgieron posibles planteamientos acerca de la innovación tecnológica y sus procesos de digitalización en las relaciones intersubjetivas, así como también la manera en la que los jóvenes se presentaban ante otros a través de los procesos de comunicación interpersonal con mediación tecnológica y, por último, cómo la comunicación de masas y la comunicación cara a cara llevó a anular la necesidad de compartir el mismo espacio y tiempo. Adicionalmente, el uso del internet creó nuevos ámbitos para los intercambios sociales y la comunicación interpersonal. Se pudo decir que, aunque su utilización aún no llegó a sustituir los medios tradicionales de comunicación, son los jóvenes quienes hicieron mayor uso de las redes sociales, lo que para Cornejo & Lourdes (2012), "anula la necesidad por parte de los actores, de compartir el mismo espacio y tiempo, e incide en la naturaleza afectiva del vínculo relacional que se establece cuando los sujetos comunican frente" (p. 215).

Las redes sociales cambiaron nuestras vidas de forma imprevisible y hasta inimaginable con afectación a la conducta de las personas, los estilos de vida, los grupos de referencia y las expectativas imperantes coincidieron con los valores propios de la juventud. El desarrollo de movimientos sociales y culturales juveniles a través de estas redes confirmaron un hecho social total que no pudo ser tratado como un medio de comunicación únicamente, sino que como lo afirma Tapscott (1998), como una relación social plena, pero "desconfía de la postergación de objetivos, quiere todo rápido y sin mucho esfuerzo con menores habilidades para la comunicación verbal y unas relaciones amistosas más laxas aunque con mayor capacidad para organizarse telemáticamente" (p. 3).

Con todo ello, las redes sociales se convirtieron en un importante escenario de socialización entre personas jóvenes, no siendo utilizado únicamente como fuente y contexto de información como ya se vino comentando anteriormente, sino que como lo afirman Espinar, Zych & Rodríguez (2015), también se utilizan como:

> Un medio para compartir experiencias, satisfacer sus necesidades comunicativas, establecer una comunicación de manera instantánea, sencilla y ociosa, y suponer para ellos la construcción de su ser social, accesible y rápido sin suponer una barrera de

distancia física o temporal (Espinar, Zych & Rodríguez, 2015, p. 43).

Como ya hemos apuntado, las redes sociales se convirtieron en un arma de comunicación potente y atractiva; con tantas virtudes que, tal vez por ingenuidad, la mayoría de los usuarios no tomaron las precauciones necesarias en cuanto a la prudencia de revelar datos personales. De esta forma, según Asís (2010), acumular información privada en la Red puede crear problemas, "estos espacios virtuales han servido de instrumento para posibles secuestros, ya que, entre las fotografías y datos obtenidos a través de la Red, se trataba de averiguar si el estatus económico de la persona o alguna otra información" (p. 9).

1.3. Argumentación

La orientación de investigación en el presente artículo científico fue de tipo axiológico con relación a la legitimación y valores personales, sociales y culturales. Tomando la axiología, desde la perspectiva de De Gialdino (2006), esta se entiende como "la influencia de sus propios valores en el proceso de investigación (p. 15). También, Ceballos-Herrera (2009), explica la investigación de tipo axiológico como:

> En cuanto al asunto axiológico, el paradigma cualitativo interpretativo admite que, aunque se clarifiquen las descripciones y se dé solidez a las interpretaciones, la recolección y la interpretación de los datos están influenciadas por la experiencia e intención del investigador, por lo cual es necesario reportar de manera activa esos juicios y valores propios, esto es, hacer a los demás

conscientes de ello (Ceballos-Herrera, 2009, p.5).

Así, la investigación de tipo axiológico permite una amplia comprensión del tema abordado, teniendo en cuenta los conocimientos e incluso la propia experiencia del investigador para su desarrollo.

2. METODOLOGÍA

A lo largo de esta investigación, se hizo uso de los métodos cualitativos de tipo documental y deductivo con un enfoque axiológico.

Estuvo comprendido por métodos cualitativos según Gómez & Jiménez (1999), el hacer uso de la utilización y recolección de una gran variedad de materiales ya sean entrevistas, experiencia personal, historia de vida, observaciones, textos históricos y demás, los cuales permiten describir la rutina y las situaciones problémicas y los significados en la vida de las personas. Será posible apreciar que Cook & Guillermo (1986), realizan una descripción de lo que es el método cualitativo en el momento en que estos investigadores hacen referencia a las técnicas experimentales aleatorias, cuasi-experimentales, *tests* «objetivos» de lápiz y papel, análisis estadísticos multivariados, estudios de muestras, etc. Y aunque se tengan estas técnicas para registrar los datos que queremos acerca de un objeto o campo de estudio, Douglas (1976) citado por Taylor & Bogdan (1987), manifiesta que:

> (...) todas las razones llevan a creer que los dispositivos de registros intrusivos tienen efectos fundamentales en la determinación de lo que los actores piensan y sienten sobre el investigador (principalmente, los vuelven terriblemente suspicaces (...) y sobre todo lo

que hacen en su presencia. (Taylor & Bogdan, 1987, p. 19).

Además, otra manera de poder entender este tipo de método, fue mediante la explicación que realizan Benavides & Gómez (2005), cuando dicen que:

> Los estudios de corte cualitativo [tienen una] interpretación más compleja, debido a que la metodología, el tipo de información y los tipos de pregunta de investigación que éstos responden difieren en su naturaleza, y aspectos como la validez externa e interna adquieren otros significados (Benavides & Gómez, 2005, p. 2).

Benavides & Gómez (2005), también se encargan de señalar de manera importante que "en cuanto a la investigación cualitativa, es difícil valorar algunos criterios como la objetividad, la confiabilidad, la validez interna, la validez externa y la aplicabilidad, términos que según algunos investigadores se encuentran cuestionados para este tipo de estudios" (p. 3).

Por otra parte, tomando la metodología cualitativa de tipo documental, se podría entender que este tipo, según Mesias (2010), es en el que se "acude a los textos de toda índole, donde [se] realiza el análisis del contenido y su discurso ahí inmerso" (p.7). Complementando lo dicho anteriormente, Paella y Martins (2006), tomado por Prato (2011), señalan que "una investigación documental se concentra esencialmente en la recopilación de información que está ubicada en distintas fuentes" (p. 6). Adicional, Medina (2004), citado por Vargas, Higuita & Muñoz (2015), habla acerca del tipo documental y lo concibe como "una revisión sistemática del material para contextualizar el objeto de estudio" (p. 9).

Otra de las herramientas que ofreció este método cualitativo fue la deductiva, la cual es explicada por Goetz y LeCompte (1988), retomado por Quecedo, & Castaño (2002), donde se dice que "[se] comienza con un sistema teórico, desarrolla definiciones operacionales de las proposiciones y conceptos de la teoría y las aplica empíricamente en algún conjunto de datos" (p. 7). Se suma a la explicación de tipo deductivo, Newman (2006), quien dice que:

> Con el razonamiento deductivo se enfatiza en el origen empírico, la forma de aproximación a la realidad, la rigurosidad y duda metódica, la validación de hipótesis, la forma de registrar el fenómeno, la exactitud en el análisis y la racionalidad de la investigación (Newman, 2006, p. 2)

En cuanto al enfoque axiológico, González (2005), ofrece una explicación, pues dice que "lo axiológico responde al por qué de la investigación. Esta dimensión se interroga acerca del valor que se le atribuya a la actividad investigativa, los argumentos por los cuales se la considera valiosa, importante, interesante, meritoria" (p.4). Así, la investigación con enfoque cualitativo fue necesaria en el presente trabajo.

3. RESULTADOS

En la revista de Ciencias Sociales, el autor Marañón (2012), explica que "los jóvenes constituyen el segmento más volcado con las redes sociales, y a la vez el más vulnerable. Son competentes al máximo en sus habilidades tecnológicas, pero se muestran descuidados a la hora de salvaguardar su propia intimidad" (p.14). Con lo anterior, pudo decirse, que el cambio de la vida social por la virtual fue uno de los mayores riesgos en el uso de las redes sociales, debido al abuso de las nuevas tecnologías por parte de los jóvenes, lo que probablemente nos condujo a indagar acerca del impacto de la era digital con relación a la conducta de las personas y los valores propios de la juventud.

En contraste con lo anterior, prevalecieron algunos elementos que nos hicieron reflexionar acerca de la idea de sustituir los vínculos familiares por los vínculos virtuales. Así, Winocur (2006), muestra un panorama en el cual "se ubican [las redes sociales] en la recreación ideal de espacios afectivos y recreativos que han entrado en crisis, o cubriendo aspectos que se muestran insatisfactorios" (p. 26). De esta forma, se tomaron las redes sociales como un espacio que permitió satisfacer la necesidad de mantener lazos comunitarios, entre los jóvenes, en donde se proyectaron y se validaron sus ámbitos de pertenencia.

Ahora bien, estos medios de información y comunicación en donde los jóvenes le dieron el uso que ellos mismos sugirieron pertinente a las tecnologías y, como lo dicen los autores Ledesma, Zarate & Velasco, E. (2018), en la realidad "se presentan nuevos modos de relación, de informarse, transforman las habilidades interpersonales para tener mayores recursos de intercambio de mensajes, pensamientos, discursos, frases orales o escritas e imágenes" (p. 4), la comunicación evolucionó y con ella los recursos que se tuvieron para enviar, recibir o compartir un mensaje. El uso de las redes sociales, particularmente, intensificó la comunicación en masas, la idea de poder compartir información sin necesidad de salir del lugar en donde se encuentra es ahora parte formal de nuestro diario vivir y como tal, nos acostumbramos a comportarnos de acuerdo con las nuevas necesidades que exigen estos tiempos, más específicamente desde el año 2004, en el que se especifica nuestra investigación, hacia adelante.

La comunicación virtual pudo tener la ventaja de que las discusiones que se tuvieron por este medio fueran olvidadas fácilmente con el tiempo y por consiguiente, no generaran repercusiones directas como lo pudieron haber provocado otros medios alternos que se enfrentaban unos con otros, así, en una investigación realizada por Ledesma, Zarate y Velasco (2018), a jóvenes de 18-24 sobre el uso que les daban a las redes sociales, en particular *Facebook*, se encontró que:

> Las responsabilidades que se asumen por la edad, se convierten en una situación preocupante, encontraron un medio para evadirla con el acercamiento al internet, pero también se convirtió en el diván del psicoanalista donde expresan sus sentimientos de frustración, miedo, pérdida, reveses (Ledesma, Zarate & Velasco, 2018, p. 17).

Facebook, como las demás plataformas de social media, sirvieron como un espacio propicio en el que los jóvenes pudieron expresar sus pensamientos instantáneos sin temer por un enfrentamiento cara a cara con alguien que se encontrara en desacuerdo con su pensamiento. Sin embargo, *Facebook* no fue el único escenario donde se pudieron compartir ideas al instante y, como lo menciona Candale (2017), al referirse en cuanto a la preferencia de los jóvenes de *Instagram* sobre *Facebook*, dice que "una de las actividades importantes que los usuarios desempeñan en *Instagram* y en *Twitter* es la de seguir a las personalidades, ocupación que ha decrecido últimamente en *Facebook*" (p. 13). Así, los jóvenes buscaron cada vez más un espacio que cubriera sus necesidades en las relaciones interpersonales, teniendo en cuenta que ya no buscaban solamente un medio para contactar personas, sino para «seguirlas», un hecho que se relacionó con los teléfonos inteligentes.

Las imágenes cumplieron un papel fundamental en este punto, fueron los elementos característicos que generaron el comienzo de una conversación. Imágenes que usualmente iban acompañadas de texto relacionado y que dejaban una primera impresión que incitaba al comentario y, como lo indica Arriaga, Baraze & González (2016), en su investigación, la juventud "percibe los sitios *online* de intercambio de imágenes como una manera de compartir capturas de sus vidas cotidianas y, hemos comprobado, que, en ellos, a menudo, desarrollan estrategias sofisticadas de autoría e intercambio." (p. 14), adicionalmente, fue un espacio significativo en donde las fotos permitieron una reducción de los modalidades y ortografía, se realizaron aprecia-ciones que iban en relación con la creación iconográfica hecha por la comunidad. Se dio una relación distinta a la social inmediata, en donde los internautas interaccionaron con los demás a través del ejemplo; se pudo decir que los jóvenes estaban en la búsqueda de un líder que, por medio de imágenes, les informaron la manera en que debieron vestir, hablar, interactuar y compartir sus ideas por la plataforma virtual.

La autoimagen cobró aquí su mayor importancia. Además de tomar fotos hacia las cosas que hay en el alrededor, los jóvenes también buscaban mostrarse con su mejor perfil en las redes sociales, para conseguir eso, se toman *selfies* que luego eran publicadas en sus redes sociales más populares, como *Facebook* o *Instagram*, esperando reacciones de sus espectadores. Al respecto, Casas, Tejedor & Romero (2018), hablan del tema afirmando que:

> El fenómeno del *selfie* ha conseguido una popularidad sin precedentes, sobre todo en el sector juvenil. Estos se fotografían constantemente con el objetivo de difundir sus imágenes por Internet y sus redes sociales. De este modo, la imagen tiende a desplazarse por un conjunto de pantallas accesibles (multipantallas) y consumidas por una sociedad digital demandante de contenido. (Casas, Tejedor & Romero, 2018, p. 44).

Dando continuación a esta explicación, Casas, Tejedor & Romero (2018), explicaban que, las *selfies* son producto de un fenómeno tecnológico imparable que se ha inculcado en los jóvenes. Además, Terceño y otros (2016), citado por Casas, Tejedor & Romero (2018), aclara que se pueden identificar tres tipos de *selfies*:

> Por un lado, aquellas imágenes que han sido realizadas con rapidez, sin importar tanto la imagen; aquellos preparados y bien diseñados para conseguir una repercusión; y, por último, aquellos que tienden a tomar imágenes sobre fragmentos del cuerpo como pueden ser tatuajes, cicatrices, huellas, etc. (Casas, Tejedor & Romero, 2018, p. 44).

De esta manera, se evidenciaron los diferentes tipos en que se puede caracterizar una imagen publicada por los jóvenes. Las imágenes tomaron más importancia que los textos largos, archivos y demás formatos compatibles dentro de la comunicación interpersonal. Se evidenció también que no es tan necesario estar al frente de la persona que comparte contenido para poder reaccionar y tener una posición frente a su contenido.

Las ideas anteriores que fueron descritas en la presente investigación, denotaron las características principales que ejercen las redes sociales en la vida social de los jóvenes y la manera en cómo interactúan con los otros y, como lo resaltan Cornejo & Lourdes (2012), en su investigación sobre las redes sociales y las relaciones interpersonales en internet, desde siempre "el hombre ha tenido la necesidad de comunicarse con los demás, de expresar pensamientos, ideas, emociones, de investigar, saber, obtener información creada, expresada y transmitida por otros" (p. 2), por lo cual, no fue innovador el hecho de que la comunicación estuviera en uno de sus puntos más altos, pues la necesidad de información se hizo propia de naturaleza dentro de la cultura de la socialización humana.

El hecho de que hubo un incremento notorio en las interacciones digitales entre las personas, generó una aceleración y cambio en el proceso de la socialización, como lo continúa explicando Cornejo & Lourdes (2012), al adentrarse en el análisis profundo de su investigación "las relaciones interpersonales se encuentran en constante transformación en la cotidianeidad del ser humano, y en esta transformación han incidido las nuevas aplicaciones tecnológicas generando cambios en la comunicación interpersonal" (p. 6), se pudo entender que las relaciones sociales en personas fueron reemplazadas por las conexiones que se realizan por internet, por relaciones virtuales. Un fenómeno que no condujo a los mismos riesgos y permitió una facilidad de ruptura sin consecuencias necesariamente directas, de esta manera, Cornejo & Lourdes (2012), siguen señalando que cada usuario "se presenta tal como desea frente a los otros usuarios, fomentando una mayor confianza y seguridad sobre sí mismo a la hora de conocer gente, dado que se puede determinar con quién, cómo y cuándo se comienza una conversación." (p. 3), ya que se pudo determinar los tiempos en que se va a llevar a cabo la conversación.

Los resultados permitieron comprender los cambios que se han presentado en las relaciones interpersonales de los jóvenes cuando se ven inmersos en las redes sociales desde el año 2004. Si bien se han construido relaciones diferentes, no pudo determinarse con exactitud que son sustituidas a su completitud, sino más bien reemplazadas por las nuevas formas de comunicación.

4. CONCLUSIONES

Se pudo llegar a decir que las redes sociales llegaron a influir en las relaciones interpersonales de los jóvenes, a medida que las costumbres tradicionales se reemplazaron por un contacto virtual en su mayoría de tiempo, lo que terminó alterando la conducta de las personas.

Así mismo, con los resultados arrojados de nuestra investigación, se pudo determinar que la hipótesis está en concordancia con los autores expuestos en los párrafos anteriores; las redes sociales no sustituyen las relaciones tradicionales, pero sí las transforma respondiendo a las necesidades del nuevo contexto y, como lo dicen Cornejo & Lourdes (2012), al hacer referencia sobre el reemplazo que se evidencia de las relaciones verdaderas por las relaciones virtuales, "la red sugiere momentos de estar en contacto y a la vez momentos de merodeo; en una red las conexiones se establecen a demanda y pueden cortarse a voluntad, pudiéndose ser disueltas antes de convertirse en detestables" (p. 7), las relaciones interpersonales son quebrantables en social media, no se evidencian los mismos riesgos que se tienen al mantener un contacto en persona.

Adicionalmente, pudo decirse que los jóvenes están ahora más vinculados con las redes sociales debido al uso que le dan a esta misma. Los jóvenes estaban en busca de seguir un ejemplo, una imagen de la que ellos pudieran aferrarse e imitar, y como en las relaciones interpersonales directas lo pueden hacer, pero con limitaciones, en la red pueden navegar, comentar, opinar y juzgar a los demás sin necesidad de tener que asumir las consecuencias, buenas o malas, de sus actos.

Como no hay quien los vigile, se sienten más libres de decir las cosas que piensan de una manera más coloquial, así se deja a un lado las relaciones interpersonales verdaderas que, por el contrario, exigen una respuesta inmediata a las acciones que se realicen.

5. RECOMENDACIONES

Se sugiere al lector, realizar una consulta adicional que permita ampliar los temas abordados en la línea de investigación, basada en las siguientes propuestas:

- Orientar la línea de investigación para casos que se evidenciaron incluso antes del año 2004, poniendo como eje principal las relaciones interpersonales y su desarrollo en el tiempo.

- Realizar una búsqueda de otras redes sociales que no se tuvieron como ejemplo en esta investigación, para realizar una respectiva comparación de los efectos de su uso en los jóvenes.

- Consultar sobre los efectos del uso de las redes sociales, no solamente en la vida de los jóvenes, sino también en la de los niños y los adultos.

- Enfocarse en otras investigaciones que reflejen tipos de comunicación alternativas a la tradicional y a la relacionada con las redes sociales, con la finalidad de ampliar el panorama en las principales problemáticas.

- Desarrollar un enfoque hacia los beneficios que brindan las nuevas tecnologías de medios en el intercambio de información, comunicación virtual y relaciones interpersonales en el caso de los jóvenes o adultos.

REFERENCIAS BIBLIOGRÁFICAS

Argilaga, M. T. A. (1986). La investigación cualitativa. Educar, (10),23-50. https://www.raco.cat/index.php/Educar/article/vi ewFile/42171/94904

Arriaga A., Baraze I., González M. (2016). Las redes sociales: espacios de participación y aprendizaje para la producción de ima?genes digitales de los jóvenes. ESTUDIOS SOBRE EDUCACIÓN / VOL. 30.

https://web-b-ebscohost-
com.hemeroteca.lasalle.edu.co/ehost/pdfviewer/
pdfviewer?vid=1&sid=34ed838a-e94e-4a36-bb6d-
0b7d2816d474%40pdc-v-sessmgr06

Asís, Agustín de (2010). 'Redes sociales y protección de
datos. Redes Sociales e interpretación en Red:
una perspectiva técnica-jurídica', curso de
verano, 26 al 30 de julio, Santander, Universidad
de Cantabria.
http://vinculacion.dgire.unam.mx/vinculacion-
1/Memoria-Congreso2018/trabajos/ciencias-
sociales/sociologia/doc15.pdf

Benavides, M. O., & Gómez-Restrepo, C. (2005). Métodos
en investigación cualitativa: triangulación. Revista
colombiana de psiquiatría, 34(1), 118-124.
https://www.redalyc.org/pdf/806/80628403009.pdf

Cáceres, M. D., Román, J. A., & Brändle, G. (2009).
Comunicación interpersonal y vida cotidiana. La
presentación de la identidad de los jóvenes en
Internet. CIC. Cuadernos de Información y
Comunicación, 14, 213-231.
https://www.redalyc.org/pdf/935/93512977013.pdf

Candale, V. (2017). Las caracteri?sticas de las redes
sociales y las posibilidades de expresión abiertas
por ellas. La comunicacio?nde los jo?venes
espan?olesen Facebook, Twitter e
Instagram.Revista de la Red de Hispanistas de
Europa Central https://web-a-ebscohost-
com.hemeroteca.lasalle.edu.co/ehost/pdfviewer/
pdfviewer?vid=1&sid=495a0a30-ec89-4c86-955a-
c678d7f9e67c%40sessionmgr4007

Casas, M., Tejedor S., Romero, Luis. (2018).
MICRONARRATIVAS EN INSTAGRAM: ANÁLISIS DEL
STORYTELLING AUTOBIOGRA?FICO Y DE LA
PROYECCIO?N DE IDENTIDADES DE LOS
UNIVERSITARIOS DEL ÁMBITO DE LA
COMUNICACIÓN. Revista de ciencias sociales
Prisma Social. https://web-b-ebscohost-

com.hemeroteca.lasalle.edu.co/ehost/pdfviewer/
pdfviewer?vid=1&sid=6396f053-6cf6-47ec-99d4-
e540a34c58f5%40pdc-v-sessmgr04

Ceballos-Herrera, F. A. (2009). El informe de investigación
con estudio de casos. Magis. Revista Internacional
de Investigación en Educación, 1(2), 413-423.
https://www.redalyc.org/pdf/2810/281021548015.
pdf

Cook, T. D., Reichardt, C. S., Manuel, J., & Guillermo (trad.)
Solana. (1986). Métodos cualitativos y
cuantitativos en investigación evaluativa. Madrid:
Morata.
https://s3.amazonaws.com/academia.edu.docu
ments/42343500/Cook_Reichardt.pdf?response-
content-
disposition=inline%3B%20filename%3DCook_Reich
ardt.pdf&X-Amz-Algorithm=AWS4-HMAC-
SHA256&X-Amz-
Credential=AKIAIWOWYYGZ2Y53UL3A%2F20190927
%2Fus-east-1%2Fs3%2Faws4_request&X-Amz-
Date=20190927T025640Z&X-Amz-Expires=3600&X-
Amz-SignedHeaders=host&X-Amz-
Signature=d619f0a6412a249d828bc946d4dcd8a75
bf757eda8aaa9a70748c50114227ad9

Cornejo M. y Lourdes M. (2012). Redes sociales y relaciones
interpersonales en internet. Universidad Nacional
de San Luis-Argentina. https://web-b-ebscohost-
com.hemeroteca.lasalle.edu.co/ehost/pdfviewer/
pdfviewer?vid=1&sid=66758ed0-0d0e-43d0-9ea1-
7ab249a84eb5%40pdc-v-sessmgr02

Christakis, (2010). Conectados. El sorprendente poder de
las redes sociales y cómo nos afectan. Madrid,
Taurus.
https://www.redalyc.org/pdf/4959/495950250003.
pdf

De Gialdino, V. (2006). Estrategias de investigación
cualitativa. Barcelona: Gedisa, 42-50.
https://s3.amazonaws.com/academia.edu.docu

ments/44053467/Estrategias_de_Investigacion_cua
litativa_Capitulo_1.pdf?response-content-
disposition=inline%3B%20filename%3DEstrategias_d
e_investigacion_cualitativa.pdf&X-Amz-
Algorithm=AWS4-HMAC-SHA256&X-Amz-
Credential=AKIAIWOWYYGZ2Y53UL3A%2F20190912
%2Fus-east-1%2Fs3%2Faws4_request&X-Amz-
Date=20190912T225028Z&X-Amz-Expires=3600&X-
Amz-SignedHeaders=host&X-Amz-
Signature=5b6585b495a23c7e85273910d8f2fef1633
8d98d232e1a8896364711da173773

De Haro, J. J. (2010). Redes sociales en educación. *Educar
para la comunicación y la cooperación social, 27,*
p. 203
216.http://www.webquestcreator2.com/majwq/p
ublic/files/files_user/31024/Embedding_Citizenship_
Education_in_Engla.pdf#page=203

Espinar, E., Zych, I., & Rodríguez-Hidalgo, A. J. (2015).
Ciberconducta y dependencia emocional en
parejas. jóvenes. Ciberconducta y dependencia
emocional en parejas
jóveneshttps://dialnet.unirioja.es › descarga ›
articulo

Flores Cueto, J. J., Morán Corzo, J. J., & Rodríguez Vila, J. J.
(2009). Las redes sociales. *Universidad de San
Martín de Porres, 3,* p. 1-15.
http://files.andresalvarez.webnode.es/200000092-
d07c9d2704/redes_sociales.pdf

Goffman, E. (2001). La presentación de las personas en la
vida cotidiana. Buenos   Aires, Argentina:
Amorrortu Editores.
http://dspace.uazuay.edu.ec/bitstream/d
atos/6477/1/12616.pdf

Gómez, G. R., Flores, J. G., & Jiménez, E. G. (1999).
Metodología de la investigación cualitativa.
METODOLOGIA DE LA INVESTIGACION
CUALITATIVA https://cesaraguilar.weebly.com ›
uploads › rodriguez_gil_01

González, F. E. (2005). Uso del enfoque pentadimensional en el análisis interno de productos escritos de investigación. Revista Educaçâo em Questâo https://periodicos.ufrn.br/educacaoemquestao/article/view/8339/5995

Kraut, R (1998). Internet paradox revisited. Impacto de la ansiedad social, las habilidades sociales y la ciber victimización en la comunicación online. Escritos de Psicología Journal of Social Issues, 58, 49-74. https://www.redalyc.org/pdf/2710/271025234005.pdf

Ledesma, G., Zarate, N. y Velasco, E. (2018). Jóvenes en las redes sociales. Caso Facebook. Revista mexicana de orientación educativa. https://web-b-ebscohost-com.hemeroteca.lasalle.edu.co/ehost/pdfviewer/pdfviewer?vid=1&sid=3708a8e6-10ab-4535-9764-b2d391d7260f%40pdc-v-sessmgr02

Marañón, C. O. (2012). Redes sociales y jóvenes: una intimidad cuestionada en internet. Aposta. Revista de Ciencias Sociales, (54), 1-16. https://www.redalyc.org/pdf/4959/495950250003.pdf

Mesías, O. (2010). La investigación cualitativa. https://scholar.google.com/scholar_url?url=http://www.academia.edu/download/42981055/T3-INVESTIGACION_CUALITATIVA.docx&hl=es&sa=T&oi=gsb-ggp&ct=res&cd=0&d=17848814334611318289&ei=LomWXfeSKMSMmgGz9JzQAg&scisig=AAGBfm3yebvwrbgsuiGMksKJ8Xhiy9plqw

Mota, W & Rivas, K. (2015). Relaciones Interpersonales entre las practicantes y las docentes de las secciones "c" y "d" del C.E.I Germina Barragán. Relaciones Interpersonales - Universidad de Carabobomriuc.bc.uc.edu.ve › bitstream › handle

Newman, G. D. (2006). El razonamiento inductivo y
deductivo dentro del proceso investigativo en
ciencias experimentales y sociales. Laurus, 12(Ext)
https://www.redalyc.org/pdf/761/76109911.pdf

Prato, M. G. (2011). Abordaje de la Investigación
Cualitativa a través de la Teoría Fundamentada
en los Datos. Ingeniería Industrial. Actualidad y
Nuevas Tendencias, 2(6), 79-86.
https://www.redalyc.org/pdf/2150/215021914006.
pdf

Quecedo, R., & Castaño, C. (2002). Introducción a la
metodología de investigación cualitativa. Revista
de psicodidáctica, (14), 5-39.
https://www.redalyc.org/pdf/175/17501402.pdf

Sanz Menéndez, L. (2003). Análisis de redes sociales: o
cómo representar las estructuras sociales
subyacentes.
http://ipp.csic.es/sites/default/files/content/workp
aper/2003/dt-0307.pdf

Schouten, A.P., Valkenburg, P.M. & Peter, J. (2007).
Precursors and underlying processes of
adolescents' online self-disclosure: developing
and testing and "Internet-attribute-perception"
model. Media Psychology, 10, p. 292-314.
https://www.redalyc.org/pdf/2710/271025234005.
pdf

Smith, P.K. (2012). Cyberbullying and cyber aggression. En
Shane R. Jimerson, Matthew J. Mayer, & Michael J.
Furlong (Eds.), (pp.93-104).
https://www.redalyc.org/pdf/2710/271025234005.
pdf

Suck, A. T., & Rivas-Torres, R. (1995). Manual de
investigación documental: elaboración de tesinas.
Universidad Iberoamericana.
https://books.google.com.co/books?hl=es
&lr=&id=jl8UlVp1xJIC&oi=fnd&pg=PA13&dq=meto
dos+cualitativos+documental&ots=NXb0uXOM-

M&sig=xliN3fOM20JShnf88eF9nTQadxY#v=onepag
e&q=metodos%20cualitativos%20documental&f=f
alse

Tapscott, D. (1998). Creciendo en un entorno digital.
Madrid, Mc Graw-Hill
http://vinculacion.dgire.unam.mx/vinculacion-
1/Memoria-Congreso-2018/trabajos/ciencias-
sociales/sociologia/doc15.pdf

Taylor, S. J., & Bogdan, R. (1987). Introducción a los
métodos cualitativos de investigación   (Vol. 1).
Barcelona: Paidós.
https://s3.amazonaws.com/academia.edu.docu
ments/39626073/Taylor-
Bogdan_observacion_part.pdf?response-content-
disposition=inline%3B%20filename%3DTaylor_Bogd
an_observacion_part.pdf&X-Amz-
Algorithm=AWS4-HMAC-SHA256&X-Amz-
Credential=AKIAIWOWYYGZ2Y53UL3A%2F20191002
%2Fus-east-1%2Fs3%2Faws4_request&X-Amz-
Date=20191002T142838Z&X-Amz-Expires=3600&X-
Amz-SignedHeaders=host&X-Amz-
Signature=905f21494c7993550e8b12c206f31b8ef0f
bb910612551e16367a410cdffac6b

Vargas, M. G., Higuita, C. G., & Muñoz, D. A. J. (2015). El
estado del arte: una metodología de
investigación. Revista Colombiana de Ciencias
Sociales.
https://www.redalyc.org/pdf/4978/497856275012.
pdf

Villegas, E. B. (2019). Dinero.¿Somos más felices? La
comunicación cara a cara está muriendo con las
redes sociales.
https://www.dinero.com/pais/articulo/impacto-
de-las-redes-sociales-en-las-relaciones-
personales/241332

Wiemman, M (2011). La comunicación en las Relaciones
Interpersonales.
https://books.google.es/books?hl=es&lr=&id=xsHHiI

cCfigC&oi=fnd&pg=PA13&dq=relaciones+interper
sonales+&ots=Djr3dNrD7k&sig=30cmCobDE5Fd3YY
uFo-
TyEC0nRs#v=onepage&q=relaciones%20interperso
nales&f=false

Winocur, R. (2006). Internet en la vida cotidiana de los
jóvenes. Revista mexicana de sociología, 68(3),
551-580.
http://www.scielo.org.mx/pdf/rms/v68n3/v68n3a5.
pdf

En este libro se encuentran los trabajos de investigación
de la clase Fundamentos para la Argumentación
Científica, de los grupos B14_1 y B14_4 del segundo
semestre de 2019

OTROS LIBROS DISPONIBLES

Conozca más de 30 temas, en su mayoría conformado por propuestas y teorías propias del autor, para transformar el mundo administrativo y gerencial

Descubra cómo saltar con éxito a un mejor escenario y conviértase en un saltamontes